高职英语教育与教学创新实践

黄 娟 著

延边大学出版社

图书在版编目（CIP）数据

高职英语教育与教学创新实践 ／ 黄娟著. -- 延吉：
延边大学出版社, 2023.10
ISBN 978-7-230-05782-0

Ⅰ. ①高… Ⅱ. ①黄… Ⅲ. ①英语－教学研究－高等
职业教育 Ⅳ. ①H319.3

中国国家版本馆CIP数据核字(2023)第208535号

高职英语教育与教学创新实践

著　　者：黄　娟
责任编辑：徐　翠
封面设计：文合文化
出版发行：延边大学出版社
社　　址：吉林省延吉市公园路977号　　　　邮　　编：133002
网　　址：http://www.ydcbs.com　　　　E-mail：ydcbs@ydcbs.com
电　　话：0433-2732435　　　　传　　真：0433-2732434
印　　刷：廊坊市广阳区九洲印刷厂
开　　本：710×1000　1/16
印　　张：12.75
字　　数：220 千字
版　　次：2023 年 10 月 第 1 版
印　　次：2023 年 10 月 第 1 次印刷
书　　号：ISBN 978-7-230-05782-0

定价：78.00元

前　言

　　高等职业教育作为高等教育的一个类型，主要培养生产、建设、管理、服务第一线需要的高等技术应用型人才。这就要求高等课程体系的建立要以市场需求为导向，以能力应用为主旨，在分析岗位能力要求的基础上，准确合理地定位教学培养目标。目前，各高职院校在专业培养目标上已逐步形成特色，其专业课程的设置与安排逐步趋于规范化，但高职院校的英语教学要达到什么水平，课程怎么安排，如何培养专业技能人才，尤其是如何准确定位英语教学培养目标，这是当前高职院校英语教师普遍关注的问题。而在现实教学过程中，有的高职院校还是照搬大学本科的教学计划，或沿用中专教学计划和目标，缺乏系统性、科学性和针对性，与高职人才培养目标有较大的差距。

　　英语教育必须借助于现代教育理论的正确指导，在实践经验的基础上进行方法论探究，从而建立科学的理论体系，找到行之有效的教学方法。近年来，我国外语教育教学研究呈现出新的发展趋势，对专业建设、课程设置、教学改革和现代化教学手段的研究日益增多。一方面，"以学习者为中心"的教学模式研究越来越受到重视，研究重点由语言知识的习得转向如何将语言知识转化为语言能力；另一方面，教师专业发展研究也取得了长足的发展。作为占据高等教育领域半壁江山的高等职业教育，近年来逐渐受到社会各界的密切关注。高职外语教育教学的新特点要求我们不断研究和探索，以适应高职教育蓬勃发展的新形势。

　　本书围绕我国高职类英语专业教育理论与实践研究，开创了英语专业教育研究的新天地，同时为我国高职类教学研究增添了新的活力。期盼这本专著能为我国英语教育教学，尤其是高职英语专业教育的建设与发展尽绵薄之力。

　　本书在编写过程中，为了确保研究内容的丰富性和多样性，参考、查阅了大量文献资料，在此对学界前辈、同仁和所有为此书编写工作提供帮助的人员致以衷心的感谢。由于编者能力有限，编写时间较为仓促，书中难免存在不足之处，敬请广大读者给予理解和指教。

黄娟

2023 年 8 月

目　　录

第一章　高职英语教育概述 1

　　第一节　高职英语专业 1

　　第二节　高职英语专业教学模式 10

　　第三节　高职英语教育的实用性分析 12

第二章　高职英语教学策略 18

　　第一节　教学策略概述 18

　　第二节　高职英语教授策略 22

　　第三节　高职英语教学师生互动策略 28

　　第四节　高职英语课堂管理策略 32

　　第五节　高职英语教学的综合策略 38

　　第六节　高职英语文化教学策略 45

第三章　高职英语教学方法研究 58

　　第一节　英语教学方法概述 58

　　第二节　交际教学法在高职英语教学中的应用 65

　　第三节　任务驱动教学法在高职英语教学中的应用 73

　　第四节　情景教学法在高职英语教学中的应用 79

第五节　多元智能教学法在高职英语教学中的应用 84

第四章　基于英语交际能力培养的教学新思路 99

第一节　基于微课的英语交际能力培养 99

第二节　基于微信的英语交际能力培养 110

第三节　基于慕课的英语交际能力培养 115

第五章　高职英语教学改革 124

第一节　高职英语教学改革的理念与策略 124

第二节　基于职业需求的高职公共英语教学改革与实践 131

第三节　基于主题实践活动的行动导向教学法实践 137

第四节　"四位一体"教学法在高职英语教学中的应用 143

第五节　高职英语教学生态系统中的学习模式与评价手段 147

第六节　高职英语教学改革的趋势 153

第六章　大数据驱动下高职英语教学模式的转型 170

第一节　多模态交互教学 170

第二节　翻转课堂教学 176

第三节　线上线下混合式教学 183

参考文献 197

第一章　高职英语教育概述

第一节　高职英语专业

一、高职院校专业设置

高职教育的目的是培养具有必要的理论知识和较强的实践能力，在生产、服务和管理第一线从事实际工作的高级技术型人才。这类人才应具备较强的社会适应能力、宽广的知识面、全面的职业技能、积极的职业态度等。正确的专业设置是使学生具备良好素质的前提。

总体来看，我国高等教育的专业是按学科分类和职业岗位（群）来设置的，它反映了社会、经济和科技对人才的需要。专业设置主要遵循三个基本原则：一是适应社会主义现代化建设的人才需要；二是适应科学技术发展的趋势；三是符合人才培养的规律。作为高等教育组成部分的高职教育，无疑也应该遵循这些基本原则。

（一）高职院校专业设置的思路

以往普通高等院校主要依据学科体系来设置专业，这与它们培养理论型、研究型人才的教学目标是相契合的。也就是说，它们都根据"学科理论知识体系"坐标轴（部分加上"职业分工"坐标轴）来设定专业，基本呈现"线性设计"或"平面设计"的设计形态。而高职教育主要面向生产、服务和管理第一线，培养应用型、复合型技术人才和管理人才。与理论型、研究型人才相比，这两类人才与特定地区的市场、岗位、技术要求等有更直接、紧密的联系。因此，高等职业教育的专业应以市场、职业、技术三个坐标轴来设置，即用一种立体交叉的思维或视角来研究高职院校专业的设置。

从众多高职院校近年来的专业设置来看，它们的基本思路可概括为：以市场需求为导向、以职业岗位（群）为依据、以技术含量为参数来综合研究专业设置。

首先，以市场需求为导向，是指市场需要什么样的职业技术人才，就要想方设法去开设相应的专业。这就是所谓"以销定产"原则。要以市场需求为导向，科学地设置专业与确定课程内容。

其次，以职业岗位（群）为依据，即所谓"行业定位"原则，就是说以行业定位为主导，针对一个行业岗位、社会公有岗位，或相关的岗位等情况来设置专业。

最后，以技术含量为参数。这一思路有两层意思：一是高职教育设置的专业不完全是针对某个特定的职业岗位或岗位群的，其中有部分专业是按应用技术领域（包括管理技术）的需要而设置的；二是针对职业岗位（群）而设置的专业，其技术含量也是较多、较高的。

市场、职业、技术三者的比例可大可小，视不同时期、不同地区、不同院校和不同专业的具体情况而定。每设置一个专业都要对人才市场的需求情况作大量深入的调查，组织校内外专家和学者对调研材料进行论证分析，并聘请本地区各行业的顶尖管理人才和技术专家为"专业管理委员会"委员，每年对已有专业进行评估，对不适应的专业进行调整，对空缺的专业及时补充，保证高职教育与人才需求高度吻合。以岗位、岗位群或职业所需要的能力为出发点来设计教学内容和课程体系，其重点是培养学生的动手实践能力和职业技能，大大缩短学生的就业适应期，使学生可以直接顶岗，从而增强高职院校毕业生的就业竞争力，让他们在人才市场上牢牢占据一席之地。

（二）高职院校专业设置的特点

高职院校专业设置应具备三个特点。

一是主动适应，灵活多样。高职教育应该面向市场，按照职业岗位（群）或技术领域的需要来设置专业，以体现它的针对性和适应性。随着社会的发展和科技的进步，社会职业和职业岗位都处于不断变动中。面对这样一个庞大的动态系统，高职院校既不可能为每一种职业岗位或每一种技术分别设置相应的专业，也不可以照搬普通高校的专业目录。因此，高职院校首先应经常对人才市场的需求状况作大量深入的调查，调查的内容包括与各专业相关的行业规模、发展趋势、技术状况、岗位设置和人才需求，详细了解生产单位对生产、管理第一线骨干人才的素质要求等；然后，遵循择优性、可行性和效益性等原则，按轻重缓急，分期分批地设置专业。

二是宽窄并举，可宽可窄。高职院校专业设置的宽窄并举是一种规律性现象。当前，由于科学技术的迅猛发展，出现了职业技术教育拓展专业宽度的趋势。一般说，专业应该是"宽""窄"并存。按照职业岗位（群）需要开设的专业，专业口径应相对窄一些；而按技术领域设置的专业，专业口径相对较宽。另外，可采用"宽口径、多方向"的对策，在·个专业下设置多个专业方向，使毕业生在适应更多的职业岗位的同时又具有自己的特长。

三是交叉复合，分合有序。目前我国许多行业的生产、管理第一线急需的是大批既懂理论又懂技术、既懂操作又会经营的复合型、智能型人才。可以将不同的专业复合起来，比如说，商务加英语、旅游加英语等；也可将专业知识和专业技能复合起来，如商务知识和单证制作等。

（三）高职院校专业设置中存在的问题

在教育规模快速发展的同时，高等职业教育也暴露出一些深层次的问题和矛盾。部分高职院校在专业设置、专业调整等工作中出现了一些新的情况和问题，突出表现在专业设置随意性较强。

许多高职院校在设置专业时，缺乏科学有效的专业论证和预测机制，没有形成与地方经济的主导产业发展趋势相适应又立足于自身办学条件和办学特色的切实可行的专业发展规划。有的高职院校的专业设置简单地套用本科甚至研究生学科（专业）目录或沿用中等职业教育的专业名称，不仅学科专业名称差异较大，而且学科专业代码大多数不一致，造成了专业设置的混乱，在很大程度上影响了学校的人才定位、教学管理、招生以及就业等工作的科学性与规范性。

不同类型学校相近的高职教育专业名称有明显的不同。根据招生部门的初步统计，全国至少有 1 500 多个高职教育专业名称。专业名称不规范，在一定程度上影响了高职教育专业结构的调整与培养人才类别的划分、统计和宏观调控，以及社会对人才能力结构的了解和毕业生的就业。专业设置混乱、随意性强、名称不规范的情况非常普遍。例如，有些院校设立商务英语专业，而另一些院校称其为商贸英语专业；旅游英语专业在不同院校有涉外旅游、旅游管理、旅游英语等不同的名称；还有一些院校在应用英语专业中下设商务英语方向，而有些院校中商务英语专业下设应用英语方向；等等。此类例子不胜枚举。

二、高职英语专业的培养目标和社会意义

高职教育是我国高等教育的重要组成部分，与普通高等教育成为我国高等教育的两支"大军"。它们具有很多的相同点，如教育层次基本相同，教育的政治取向一致，教育教学的基本原则相同，教师的基本要求相同，学校管理原则基本相同等。但是，高职教育与普通高等教育在培养目标、培养特征、专业设置、课程开发、授课方法、教学条件、师资队伍、招生制度、教育形式、管理架构等方面也存在很大的差异。其中最突出的就是它们的培养目标不同。普通

高等教育培养的是学术型、理论型等学科专业人才，而高职教育培养的是技术型、应用型等实用人才。

高职英语专业是培养具有良好的综合素质和英语听、说、读、写、译的能力，具备较丰富的英美文化知识，熟悉和掌握一定的专业基本理论和方法，适应涉外工作第一线需要的高等应用型专业人才。这与本科培养的学术型和理论型人才有所不同。高职英语专业学生除了要具有良好的思想道德素质和身心素质，他们的文化素质是以英语知识为基础的，虽不要求学生像学术型人才那样掌握高深的理论知识，但要求他们学会大学专科层次必须具备的理论知识，同时具有相应的其他专业知识。

高职英语专业培养的技术型、应用型人才往往在自己的专业领域具有较强的创新能力，但与普通高校英语专业培养的学术型人才相比，高职英语专业培养的技术型或应用型人才对程序性知识的掌握更加娴熟，对操作性技能的运用也更加熟练。他们擅长实践，动手能力强，能把学到的理论知识应用到工作实践中。而且，高职英语专业培养的应用型人才在听、说这两个方面的能力尤为突出，还掌握了一定的其他领域的专业知识，如商务知识、旅游知识、外贸知识等，能更快地适应工作岗位的要求。

由此不难看出，高职英语专业作为普通高等英语教育外延的拓展，是一个新兴的重要类别，它与普通高等英语教育互补共存、不可或缺，其培养的应用型人才特色鲜明，与普通高等英语专业培养的学术型人才各有所长，都为社会所需要。同时，高职英语教育直接和生产、管理第一线相联系，为社会发展服务，为经济发展服务，为中华民族在新时代的腾飞培养大批技术素质优秀的外语人才。

三、高职英语专业与普通高校英语专业的区别

几乎所有的普通高校和高职院校都开设有英语专业。高职英语专业与普通高校英语专业有着密切的关联，但是它们又各具特色、不尽相同。

（一）在教学层次上存在显著差异

高职英语专业学生在入学时，对于英语单词的认知情况与高职非英语专业学生基本相同，为 1 000～1 600 个；而普通高校英语专业的学生入学时，已掌握了不少于 2 000 个单词。学习者起点不同，教学要求也不同。在教学任务完成时，学生在听、说、读、写、译各方面所达到的程度也大不相同。大部分普通高校英语专业要求学生通过全国英语专业四级和八级统一考试，而高职英语专业对学生没有做统一要求。不同的高职院校对英语专业学生有不同要求：有的学校要求通过全国统一的非英语专业四级或六级考试，有的学校要求通过高等学校英语应用能力考试，也有学校鼓励学生参加国际语言考试，如托福、雅思等。

（二）在教学目的上存在显著差异

对国内十余所高校所开设的英语专业调研发现，它们的专业培养目标大同小异，基本上都是"培养通晓英语语言及英美国家文学、社会、历史，能在外事、文化、新闻出版、教育、科研、经贸、旅游等部门从事翻译、研究、教学、管理工作的英语高级专门人才"。

由以上目标不难看出，常规的本科英语专业培养的是通用型外语人才，没有针对社会某些相对固定的岗位（群）需要而设定人才的规格，英语对于毕业生将来从事的工作岗位来说仍然只是一门工具。在课程设置上，以学科的理论体系为框架设置课程，组织教学，强调知识的系统性、完整性。普通本科院校的英语专业沿袭着传统的"公共基础课英语语言课"的套路，语言类课程主要

有：英语精读、英语口语、英语语法、英语写作、笔译、口译、跨文化交际、英语语言学、英语词汇学、英语修辞学等。在课堂教学中，教师仍然是"主角"，学生只是匆匆记录，课堂"秩序"良好，整个教学过程"鸦雀无声"，没有任何发自学生的"噪声"，学生学到的是大量的"知识"，学生所做的也只是记录和记忆。学生的教学实践活动主要是社会实践和教学与翻译实习。

高职英语专业中设立的应用英语、商务英语、旅游英语和英语教育四个英语类专业与普通高校的英语类专业在培养目标、人才培养模式、社会就业等方面有很大的差别。经过调查发现，大部分高职英语专业的培养目标是："培养较高层次，德、智、体、美全面发展，具有较扎实的英语语言功底和较强的英语交际能力，具备一定的专业基础知识和业务能力，能运用英语从事商务活动、外事活动、旅游接待、英语教育等工作的高等应用型专业人才。"

从该培养目标可以看出：高职英语专业培养的人才已经将商务、外事（应用）、旅游、教育等专业与英语有机结合，其培养的人才具有较强的岗位针对性。不同于普通高校的通用型人才，高职英语人才是应用型人才。高职院校在课程设置上，以职业综合能力为中心，以岗位（群）所必备的知识、能力和品格为依据开发课程，课程内容突出适合性和针对性。英语基础课以"必需、够用"为度，强调教学以技能实践和实用训练为主。大部分高职英语专业课程都是采用综合的形式，课程主要由英语、专业和综合实训三部分构成。而且为了突出专业和英语两个强项，在课程构成上英语课程和专业课程都占了相当的比例，学生在这两方面达到"了解总体、掌握基本、简单操作"的水平。

高职英语专业对于学生所学知识的要求是"实用为主、够用为度"；所开设的主要课程除了综合英语、英语听说、口语、听力等英语类课程外，还有大量的专业课程和综合实训课程，如商务英语专业开设了商务英语、国际贸易实务、国际金融、商务模拟、商务文秘等专业和实训课程。在教学方法上，大部分高职院校的英语专业都注重学生英语交际技能、专业应用和业务能力的培养。课堂上除了传授知识外，还加强了课堂的互动。课堂教学的主体由原来的教师变成了现在的学生，教、学、做合一，手、脑、机并用。同时，学生的教学实践得到了加强，无论在课堂教学中还是在实训室，学生都有大量的机会开展操练和实训。除此之外，大部分高职院校还安排学生定期到企业实习，到交易会等场所进行业务实习，以加强学生的动口、动手能力。从目前就业状况看，高职英语专业培养定位主要是：涉外型或外资型公司的文员、秘书、外贸业务人员等。同时，高职英语专业学生除了毕业证以外，还持有各类职业资格证书，资格证书和学历文凭并重。

从以上的分析可以看出，高职英语专业和普通高校英语专业在很多方面有不同之处，如培养目标、课程设置、教学方法和教学安排等。高职英语专业突破了传统本科英语专业课程单一的不足，为学生拓宽了知识领域和发展空间，同时针对学生的技能培养增加了大量的实训，有利于学生所学知识的融会贯通，有利于学生应用能力、实用能力的培养与提高，有利于培养基础扎实、机智灵活、求实创新的复合型、应用型人才。

四、高职英语专业的社会需求

普通高校专业建设的一般指导思想是"以学科建设为基础、以基础学科专业为依托、以社会需求为导向、以课程建设为核心"，专业建设中尤为注重学科的建设和发展，这与它主要培养理论型、研究型人才的目标是相契合的。相对而言，高职教育专业具有更大的可变性和开放性，更容易受到市场变化的影响，这主要是由于高职教育培养的是高等应用型技术人才和管理人才。较之理论型、研究型人才，这类人才与一定区域的市场、职业、行业、产业、技术等有着更直接、更紧密的关联，其专业具有较强的职业定向性和针对性，其专业设置是以市场需求为导向的。所谓以市场需求为导向，就是面向区域和地方经济发展，面向生产、服务与管理第一线设置专业，将当地产业结构和社会人才需求的变化趋势作为确定专业体系主体框架的依据。高职教育的专业设置与专业结构，虽然不能完全准确地反映社会职业需求，但高职教育的专业类别与设置越来越贴近经济社会的需求，大体上折射出了产业结构调整和社会职业需求的变化趋势。从另一个方面来看，社会人才需求决定了高职院校各类专业的生存和发展，高职英语专业也不例外。

国际互联网上大多用英语进行对话。国际电话中的交谈，有 85% 是用英语进行的；全球四分之三的邮件、电传和电报用的也是英语。英语更是国际商务活动中使用的通用语言。现如今，外企大量涌进中国市场，中国企业也已走向世界。在这个时代背景下，英语专业人才会更受企业青睐。因此，国际贸易、英语类专业需求趋热，增幅较大。国际经济活动的日益频繁，使得很多企业急需大批精通英语、贸易、法律的复合型谈判人才，这也是英语专业毕业生普遍看好的发展方向。从社会需求上看，许多政府部门、国际组织、外企和跨国公司以及大型国有企业与高科技公司对复合型英语人才的需求量非常大。中国加入世界贸易组织（World Trade Organization, WTO）后，对英语人才的需求在数量、质量、种类及层次等方面均提出了更高、更多的要求，尤其是具有深厚的语言文化基础、纯正的英语语音语调、系统的相关专业知识，具有用英语流利地进行国际交流和在对外贸易活动中的笔译能力，并能独立从事对外贸易、外事、交际、旅游等业务工作的人才。而单一的阅读型和语言技能型人才，已远远不能满足社会的需求。

第二节　高职英语专业教学模式

一、教学模式的定义

在教育学理论体系中，教学模式也许是最有歧义的术语之一。论及教育教学，教学模式一词大概率会"出场亮相"。尽管该词在各种期刊和专著中具有很高的曝光率，但学术界至今也未能对其作出一个统一的阐述，各家各派的理解和诠释各有各的道理。

研究教学模式，有必要先对"模式"进行语义分析。基于各大权威辞书的考证可知，"模式"一词源于"模型"，最初指实物模型，后变为指非实物模型。非实物模型最初的应用是在数学领域，即数学模型是最先出现的非实物模型。这种模型是在用数学符号抽象地解决实际问题的过程中形成的。随着学者们的广泛应用，数学建模如今已经发展成为一种专门学科。

非实物模型的拓展应用发生在学者在人文社科领域对其的应用之后，人们常说的各种"模式"，如文化模式、教育模式、经济模式等，就是指非实物模型。在这一阶段，非实物模型的定义发生了改变。更多的学者通过文字或图解对非实物现象进行抽象的说明或描述，以便于更精准地对非实物现象进行阐释。模式与理论联系密切，模式可由理论发展而来，也可发展为理论。在汉语的语境中，"模式"的范围广于"模型"。在英语的语境中，则一般用 model 来指代"模式"，而非 pattern。现如今，这两个单词在翻译上有混用的趋势。

在教育领域，一般认为美国哥伦比亚大学的乔伊斯（B. Joyce）和威尔（M. well）等人是最早从事教学模式研究的学者。他们在《教学模式》中引用了杜威（John Dewey）对教学的定义："教学是环境的设计。"他们认为，教学模式是对学习环境（包括教学模式中的教师行为对学习者的影响）的描述，可应用于课程、教案、教材（包括多媒体材料）的设计等诸多方面。在此基础上，他们提出信息加工型、社会型、个人型和行为系统型等四大教学模式类别。

二、高职英语专业教学模式的定位

探究我国高职英语专业教学模式必须首先明确三对词语的相同与不同之处，或者说理顺三组关系，即普通高校本科英语专业与高职英语专业的关系、通用英语与专门用途英语的关系、教学方法与教学模式的关系。

（一）普通高校本科英语专业与高职英语专业的关系

相对于普通高校本科英语专业的成熟经验，我国高职教育整体起步太晚，目前仍处于摸索阶段。近几年随着经济全球化发展，我国加大了针对一线岗位群的实用型高等人才的培养力度，高职教育获得了前所未有的发展。然而，从总体上看，除了主要面向非英语专业的《高职高专教育英语课程教学基本要求》（以下简称《基本要求》），我国还没有颁布针对高职英语专业的指导性大纲，而我国本科英语专业已经在长期发展的成熟经验基础上，开始按照"英语＋专业知识""英语＋专业方向""英语＋专业"等模式进行改革，以适应新时代对复合型人才的需求。

（二）通用英语与专门用途英语的关系

我国高等职业教育目前仍处于探索期，关于高职英语教育的国家指导性文件只有教育部于 2000 年 10 月颁布的《高职高专教育英语课程教学基本要求》。由于高职院校培养的是技术、生产、管理、服务等领域的高等应用型人才，高职英语的课程教学目的被确定为：使学生掌握一定的英语基础知识和技能，具有一定的听、说、读、写、译的能力，从而能借助词典阅读和翻译有关英语业务资料，在涉外交际（包括日常交际活动和业务活动）中进行简单的口头和书面交流，并为今后进一步提高英语交际能力打下基础。尽管这一文件仍未明确说明高职英语课程教学的具体做法及应该应用的教学模式，无法帮助我们将通用英语与专门用途英语区别开来，但可以确定的是，作为高职教育的重要组成部分，高职英语专业不可避免地同样带有高职教育的普遍特性，即与职业岗位群的紧密联系，而这恰好与专门用途英语所涵盖的范围不谋而合。

（三）教学方法与教学模式的关系

结合高职英语教育的实际情况，笔者将高职英语专业教学模式界定为由一定数量的子模式群体，分层次构建的一个开放式、发展性的体系，它以一种简化的方式反映高职英语专业建设的方方面面，其中既包含教学各要素及其关系，又体现教学各阶段、各过程的特点。它是高职英语专业人才培养的一种综合模式，又可具体分为宏观的能力结构子模式群、中观的教学过程子模式群和微观的课堂教学子模式群（即课堂教学方法）。

第三节　高职英语教育的
实用性分析

如果说应用性主要讨论的是高职英语教育的教学目标，实践性的焦点在于高职英语教育的教学过程和方法，那么实用性主要涉及的就是高职英语教育的教学内容以及与特定的教学内容相关的一些教学特征。这样，高职英语教育的整体特征便呈现出来。

高职英语的实用性体现在英语教学内容与学习者所学专业的密切相关性以及与学习者将来职业环境下英语交际的明确针对性，表现在以培养学习者学以致用的英语交际能力的终极目标上。所以，在很大程度上，高职英语教学都带有浓重的专门用途英语教学、专业教学法以及任务教学法的色彩。这也构成了高职英语教学与普通英语教学的显著差异。

一、高职英语教育的两个转变

威多森（H. G. Widdowson）指出，教学法的力量在于语言学习与专业学习方法的结合。因为它不但给以语言学习为驱动的课程设置和凌乱无章、由下而上的教学方法带来了变化，而且还完成了两个重要转折：①教学重点从文本作为语言目标向文本作为信息载体的转移；②注重过程和实际结果。

（一）"文本作为信息载体"

与"文本作为语言目标"相比，"文本作为信息载体"在选材、准备活动、文本处理、教学活动以及课外活动等方面存在差异。

显然，"文本作为信息载体"在培养学生的交际能力、完成高职英语教育目标方面具有很大优势。成功的学习者注重整篇大意，用猜想和快读的方式学语言和信息。显然，"文本作为信息载体"摒弃了由下而上的旧法，而代之以由上而下的学习方法，即先以整篇文本为主要信息，后看课文结构，再看段落，最后才触及句子和词。因为准确、迅速地吸收信息比语言细节更有意义，所以理解文本的宏观结构先于语言研究，文本中信息的摄入至关重要。

"文本作为信息载体"的另一特色是突出学生作用。这主要是因为与学习者有关的两个因素：①专业知识；②与专业领域有关的认知和学习过程。除去语言学习活动，高职英语还大量涉及反映学习者专业领域的活动。

（二）与任务法相结合

高职英语教育与任务法有千丝万缕的联系。任务法有如下特点：①教学以语言意义为出发点；②教学旨在解决一些交际问题；③教学活动与真实世界存在直接关系；④优先考虑完成任务；⑤评估标准是结果。

努南（David Nunan）建议用任务法来开展课程教学。任务法要求学生专注于意义而非形式。他区分了教学任务和真实世界任务，前者指正式的语言学习，如按照教师的指令画一幅画；后者更加实在，如填工作申请表，它与学生将来要使用语言去做的事有关。努南建议使用三种不同的任务来刺激学生进行互动：①信息差，如找出两幅画中不同的部分；②推理差，如找出一幅画的缺陷；③观点差，如列出你最喜欢的，并说出原因。任务法与高职英语教育已成功地在英语教学中相融合，促使学生交换信息并解决问题、理解意义。

二、高职英语教育的四个焦点

过去十年高职英语教育在教学理念、教学模式等方面都有所创新，它目前关注的四个焦点问题是：以话题为中心，使用原版语言，满足学习需求，培养学生的英语交际能力。

（一）以话题为中心

高职英语教育主张以话题而非语法项为基准选用教学材料，使学习者更易学习，从而激发其兴趣，使学习者具有使用新的语言去做事的自信心和惊喜感。课堂实践是一种打破语法系统、以话题为中心的阅读和实践活动，话题内容不应是对以语法内容为主的课程的点缀和补充。语法学习须与话题相关联，由话题决定。

很多学者建议，语言教育的目标应该是避免人为地将专业与语言割裂的倾向。不幸的是，这种割裂存在于许多教学环境中，因为人们错误地认为，学语言等于学语法，学习者必须在学习专业口语技能之前熟练地掌握语法知识。许多人担心，以专业知识为重点教学会牺牲语言技能的培养，但实践证明，语言技能学习没有被忽视。在高职英语教育中，语言与专业是相互作用的。

（二）使用原版语言

慎重、有效地将原版材料引入课堂，是高职英语教育近年来的发展趋势之一。有人担心使用原版语言会给学生增加学习难度，平添畏难情绪；也有人相信，有些词汇和语法本来就难学，所以应先学。实际上，分级课文比原版课文给学生带来更多的麻烦，而且人工语言课文并不能给学生提供真实的英语交际模式，它缺乏自然的语言积累，剥夺了学生理解的多重暗示。分级语言和人工语言很难有效地提高学生的语言能力。

如果材料是精心挑选的，学生又有图式知识作为铺垫（即相关的语言、专业、文化背景知识），那么，利用专业与上下文相结合的办法去理解信息，学生便会开发其他语境中未知语言的语言处理机制，最终提高自身的英语水平。

高职英语教育的重点是如何对课堂活动进行分级，并运用多种教学策略，如有效利用上下文，循环式或螺旋式使用已有信息，利用学生的背景或图式知识，使用协作方式和教学策略等。

（三）满足学习需求

高职英语教育既考虑到了学习者的语言、认知和情感差异，帮助他们做出相应调整，同时也满足了其职业和个人兴趣要求。

1.语言差异

由于学生个体图式知识的差异，不同学生在语言特征、词汇、语法学习方面存在学习顺序以及内容取舍等方面的差异。此外，有些学生习惯于使用图式知识去推断意义，即猜测；有些学生对模糊语言的容忍程度低，对陌生语言的处理策略少，更习惯于求助教师、语法书和词典去证实自己的假设，他们更喜欢记忆法。

2.认知差异

在认知层面上，学生有不同的学习风格：有些视觉信息接受能力强，有些听觉学习效果好；有些善于演绎，有些长于归纳；有些注重整体，有些偏好局部；有些善于发现共同点，有些善于比较不同点；有些按顺序处理信息，有些平行处理信息；等等。一个课堂上的认知差异是无穷的，每一种学习风格都和学习策略有关，每个学生对任何一种教学策略的反应都是不同的。熟悉教学策略，又了解学习风格的教师有得天独厚的优势去帮助学生更好地学习原版专业材料。变换讲解演示方式是应对学生不同学习风格的基本策略之一。莫汉（S. Mohan）推出了一种将"经验法"和"说明法"相结合的教学方法，前者指角色扮演、讨论、演示与操母语者交往等，后者包括讲座、读物、讨论及演示等。

3.情感差异

大多数学生在学习原版材料和真实案例取得成功时都会激发出极大热情，个别则不然；有些习惯于独自学习，有些付出努力就希望得到表扬；有些不喜欢教师的明显纠正，有些得不到纠正则不悦；等等。优秀的教师应随时观察和分析学生的情感需求，争取保持克拉申（Stephen D. Krashen）所说的"低情感过滤者"作用。

在确定教学内容时，有学生参与进来有着极大优势。学生参与选择话题和教学活动可使其形成更好的学习动机，并使课程更好地满足学生需求。而且，学生被采纳的主题和实践活动创造了一种学生自觉学习的氛围，极大地减轻了教师教学组织的负担，使教师更容易成为"学生学习的管理者"。

（四）培养学生的英语交际能力

高职英语教育要培养学生的英语交际能力，即学生在真实条件下与操母语者交际的能力。

真正的人际交流是不可能与目的语国家文化、交际能力之语言以及非语言特征相割裂的，这个概念与高职英语教育有密切关系。语言教育家克拉申指出，外语学习早已超出了纯语言的范畴，它同时也是一项社会的、文化的、历史的猎险。因为它是研究作为社会现实的语言的，所以传统的关于语言与文学、宏观文化与微观文化、语言能力与语言使用、普通教育与职业培训的界定，早已不像先前那样清晰。

高职英语教育将会成为最有效的外语教学途径。克拉申将专业性课堂活动称为课堂上有效地向学生提供提高性输入的方式。同时，这种教学方式成功地向学生展示了学习英语的优势，高度关注学生在语言学习中的分析和批评能力，鼓励学生继续提高语言技能。

这种教育模式和方法已经出现在世界范围内，在许多外语教学场合中不同程度地取得了成功。

第二章　高职英语教学策略

教学策略是教学活动开展的顶层设计，是实施教学过程的教学思想、模式方法、技术手段三方面的协同集成，是教学思维对其他方面的动因进行思维策略加工而形成的模式方法。由此，教学策略在教学活动中发挥着方向定位、宏观引领和方法指导的作用。

在教育哲学的视野里，教学策略建立在马克思主义哲学认识论和方法论的基础上；在教学论的层面上，又侧重以系统论、信息论、控制论等理论来阐释教学过程的本质和现象。教学策略是为实现特定教学目标而制定的、付诸教学过程的整体运作方案，它包括合理组织教学过程、选择具体的教学方法和材料、制定教师与学生所遵守的教学行为程序等。

第一节　教学策略概述

高职英语教学策略对于开展高职英语教学具有方向上的指导性和实践上的应用性。高职英语教学策略包括两部分：第一部分是通用的教学策略，第二部分是高职英语教学专用的英语教学策略。现代教学策略发展的基本取向是营造学习环境、建构学习策略、促进学生学会学习，所以教学策略的内涵和外延在不断发展变化，需要从它的基本概念、与其他有关术语的关系、基本特征以及分类等几个方面来加以认识和把握。

一、策略与教学策略的概念

（一）策略的概念

《现代汉语词典》（第 7 版）对策略的解释是：①根据形势发展而制定的行动方针和斗争方式；②讲究斗争艺术，注意方式方法。从中可以看出，策略既具有目标性、计划性，同时又具有一种类似艺术的、在具体情景下显示直觉性特征的行动方式。从宏观角度出发，策略具有战略的意思；在具体的情景中，它又是一种实行战术和方法的过程。也就是说，策略兼具战略和战术的特征。

制定策略的目的就是要把政策转化为一套视条件而定的决定，根据将来可能发生的不同情况，决定所需要采取的行动。这里对一般策略的性质的描述表明，策略是介于比较抽象的更高水平的目标与具体行动之间的转换。策略不同于具体的方法，策略的立意要更高远一些，它对具体行动有整体的考虑和规划，是在主观意识控制之下实施具体方法。

（二）教学策略的概念

教学策略的概念，突出强调教学组织实施的计划性、互动性和学习理论基础。一方面，策略具有很强的计划性，是组织、计划和实施的技巧，这就要求教学策略必须经过周密计划和详细安排，教学策略的使用者要以优化组合已有课程与教学资源作为途径，以达到预期的教学效果；另一方面，教学强调教与学的有机统一，这又使教学策略必须以师生行为的共同参与为起点，强调教师与学生之间以及学生与学生之间的互动、交流和信息传递。另外，随着人们越来越重视学生的学习，教学策略的制定、选择与运用便越来越强调以一定的学习理论为指导，遵循学生的学习规律，特别强调和突出学生的学习策略。

所以，广义的教学策略是指在课程与教学目标确定以后，依据学生的学习规律和特定的教学条件，灵活机动地选择与组合相关的内容、媒体、评价技术、组织形式、方法和各种手段等，以便形成具有效率意义的特定教学方案的原理、原则和方式。在这里，教学策略的制定、选择和使用既有教师的参与，又有学生的介入，真正体现教和学的统一。

二、教学策略的内涵

教学策略与教学方法、教学模式等词语在概念上有相近或容易混淆之处，厘清它们之间的关系，将有助于对教学策略特定内涵的深刻理解和准确把握。

（一）教学策略与教学方法

教学方法的概念具有层次性，通常意义上可以包含教学手段、原则以及组织形式等概念，但在实际应用中，教学方法是更为详细具体的方式、手段和途径，操作性更强，属于战术的范畴。而教学策略是在某种教育观念指导下的体现教学目标、原则、方法、媒体、组织形式、手段等一系列预设行为的综合结构，教学策略规定和支配对上述几个方面的选择和使用，属于战略的范畴。所以，教学方法的选择和使用，只是教学策略的一部分。教学策略包含对教学过程中其他相关资源的合理组织、调控和管理。

（二）教学策略与教学模式

模式是指"某种事物的标准形式或使人可以照着做的标准样式"。从这一解释可以看出，标准性是模式的本质特征，模式一旦确定就很少更改。而"策略"是指根据形势发展而制定的行动方针和斗争方式。因此，策略本身就蕴含着根据实际情况变化和调整的灵活性。教学模式是在一定的教学思想和教育理论指导下建立起来的、较为稳定的教学活动结构框架和活动程序，具有直观性、完整性和稳定性。教学策略既有稳定性又有灵活性。策略的制定者和使用者可以根据实际情况对教学内容、方法、组织形式等进行变通和调整，使之更符合特定的教学目标。另外，从教学模式的构成要素来看，教学策略是教学模式中现实条件的一部分，一个教学模式，需要选择一定的教学策略来加以实现，教学策略的制定也需要选择合适的教学模式。

三、教学策略的基本特征

国内外对教学策略的特征研究颇多，归纳起来，教学策略有三个显著的基本特征：综合性、可操作性和灵活性。

（一）综合性

选择和制定教学策略必须对教学内容、媒体、组织形式、方法、步骤、技术与评价等要素加以综合考虑，将它们的结构与功能进行整合。具体表现在两个方面：在教学策略的制定上，制定者需要综合考虑影响和制约策略制定的各方面因素，从对课程目标的把握到对学生身心特征的认识，从教师个人的教学技能、艺术的训练到教学情境的设置等，都需要从整体上进行计划。在教学策略的运用上，使用者需要对某一范围内的具体教学方式、措施进行调试、优化，不仅重视教师"教"的教学策略，而且要重视学生"学"的学习策略，这样才能发挥教学策略的最佳效果。而且，要从整体上考虑预期的学习结果，有针对性地选择，实现整体优化的教学策略。

（二）可操作性

教学策略不是抽象的教学原则，也不是在某种教学思想指导下建立起来的教学模式，而是可供教师和学生在教学中参照执行和操作的方案。它有着明确、具体的内容。教学策略的制定，用来解决一定的教学问题。对教师来说，根据教学策略制定的教学步骤和操作方案，能够转化为教师的教学行为，从而有助于教学活动的开展；对学生来说，教师所使用的具体方法、技术和实施程序能

21

够转化为学生的学习行为，从而有利于学生的学习。

（三）灵活性

一方面，教学策略根据不同的教学目标和任务，并参照学生的初始状态，选择最适宜的教学内容、教学媒体、教学组织形式、教学方法和评价技术，并将其组合起来，以保证教学过程的顺利进行；另一方面，教学策略在实施过程中，必须根据具体的教学情境对有关教学策略的要素进行变通和组合，具体问题具体分析。

第二节　高职英语教授策略

教学活动的时间和空间，总是具体而有限的。为了在一定的时间和空间里，保证教学目标的实现，教师必须采取一定的策略使教学活动顺利开展；为了追求简单和高效，教学活动总是以教师的教授活动为主的。教师在教学中采用的以知识和技能传授为目的、有利于教师进行教授的策略，就是教授策略。

教授策略的实质是以教师行为为主体的策略。在向学生进行知识和技能传授的过程中，就是要处理好一系列的关系，主要包括教师与教学内容、教师与内容和环境、教师与内容和学生以及教师与学生之间的关系。

在当代"教授化"教学策略向"学习化"教学策略转型的背景下，教授策略正逐步走向以学生的学习为定向的路线。教学方法是教师的教法和学生的学法的有机结合，二者相辅相成。因此，从实质上来说，教师的教法就是学生的学法。同样道理，教师的教授策略，实质上也就是学生的学习策略。

高职院校的英语教师大多数时候会不由自主地采用以教师活动为中心的教授策略。高职英语教授策略主要有高职英语的呈现技巧、内容转化策略、指导行为策略、教学管理策略和课堂强化技术等几种。

一、呈现技巧

高职英语教学过程涉及向学生讲授新的事实、概念和原理，向学生解释有难度的过程或步骤，以及澄清有冲突的论点和探究错综复杂的关系。这些都需要教师运用一定的技能和技巧来处理自己与教学内容之间的关系。人们把教师为了完成教学任务，在教学过程中采取的有助于呈现行为的策略称为呈现技巧，它的基本特征是以教师为中心，强调教师向学生传递信息的单向性。

大多数高职教师认为他们的根本任务是呈现一节课的内容，而大多数的研究者也愿意主动去研究教师在呈现一节课时所采用的方法和技巧。经常被研究的呈现技巧包括设置导入、解释和结尾三种。有些研究者还把注意力集中在需要综合运用多种呈现技巧的复杂呈现行为上，比如讲座。下面笔者对这四类呈现技巧分别加以介绍。

（一）设置导入

设置导入是指为了把学生的经验与一节高职英语课的目标联系起来，由高职英语教师设计的行动或陈述。教学有效性高的教师通过运用导入，从而把学生置于有助于其学习的状态中，包括生理、心理或情绪等方面。

（二）解释行为

解释是指为了澄清未被学生理解的概念、程序或过程，由高职英语教师设计的有计划的讲解。高职英语教师的解释行为是教学呈现过程中的一个关键技巧，如缺乏该技巧，学生就会难以理解所学的概念、原理，致使其学习过程中断。

（三）利用结尾

结尾是指为了把一节课的呈现活动引向一个恰当的结论，由高职英语教师设计的行动或陈述。高职英语教师可以利用结尾使学生对所学知识形成完整的认知结构。

（四）组织讲座

为了引导和满足学生对新的知识和技能的需要，为了扩展学生感兴趣的知识和技能视野，高职英语教师们常常采用讲座的形式作为呈现策略。这种策略，在我国高职英语教学中具有广阔的发展前景，需要人们深入研究。

二、内容转化策略

学生所处的个人情境直接地、持续地与整个学习过程发生作用。学习总是发生在特定时刻表现出来的学生个性特征与一系列特定的环境之间的关系之中，环境与个体之间的相互作用规定了特定的情境。在高职英语教学过程中，高职英语教师可以通过创设一定的情境把教学内容转化到学习环境中去，将学生置于一定的问题情境中，从而激发学生的学习兴趣，使其产生学习的内驱力，从而提高学生参与教学活动的主动性。我们把这种以环境为载体而实现的传授策略称为内容转化策略，该策略主要涉及人化情境和物化情境的创设。

人化情境指教师、学生作为参与教学活动的人相互作用的情境，高职英语教师在教学过程中要致力于为学生创设能够促进师生互动的教学环境。

物化情境是指让学生察觉到的、有目标但又不能马上明确如何达到这一目标的心理状态。物化情境的作用是通过一定的能够引发学生的问题意识的物理事物体现出来的。物化情境可以激发学生的学习兴趣，使学生的智力活动达到最佳状态，形成寻找问题的心向，从而促使学生运用已有知识独立解决问题，主要包括生活展现情境、实物演示情境、音乐渲染情境等。

三、指导行为策略

学生的练习、阅读和活动的过程中蕴含着一定的教学内容，高职英语教师通过对学生各个阶段的学习活动进行指导，使学生把教学内容内化为自身经验。教师、教学内容和学生的关系是一种三角关系，学生在各个阶段所进行的学习活动是教师完成教学任务和学生完成经验改造的一个中介。因此，为了确保高职英语教学更有效率和效果，高职英语教师对学生学习进行指导或者辅导是不可缺少的一项教学活动。

（一）练习指导策略

练习指导是指高职英语教师依据学生所要掌握的知识和技能目标，有意识地指导学生顺利完成课堂练习的行为。教师的练习指导是一种个别化的指导，与教师在课堂呈现活动中的集体指导是不同的，更强调因材施教，强调指导的指向性和目的性。

（二）阅读指导策略

阅读指导是高职英语教师在学生独立阅读高职英语教学材料时，帮助学生理解高职英语阅读内容和学会阅读方法、策略的指导行为。当代教学观的一个重要走向就是要实现教法向学法的转变，而阅读方法是学生在校学习的主要方法。因此，加强对学生的阅读方法的指导，使学生养成良好的阅读习惯，是高职英语教师的一个重要任务。

（三）活动指导策略

活动指导是指高职英语教师对学生独立从事操作或实践活动的组织、引导和促进行为。学习过程中的活动可以给高职英语教师提供关于学生个体差异的信息，同时也可以给学生提供机会同其他同学一起进行活动，从而增进学生之间的交往和学生的社会化。因此，对学生的活动进行组织、活动和指导，不但有助于学生进行有效的学习，而且对学生各方面的发展也是非常有益的。

四、教学管理策略

传统上，大部分教师往往把"管理"这个词语等同于"纪律"。其实，教学中的管理范围更为广泛。管理是指教师用来确保教学的质量和效率而采用的一系列复杂的计划和行动，其中包含纪律的含义。教师通过教学管理，还要教会学生其他更为重要的内容，如使学生学会在一定的教学环境中管理自己的行为。通过管理计划的实施，教师不但希望自己能够促进学生学习，而且要帮助学生理解知识和指导他们的行为方式。如果对管理进行这样的界定，那么管理的概念与教学的概念就难以区分。两者在理论和实践上都是密切相关的，有效管理是有效教学的一部分，好的教学管理者往往是教学质量和效率很高的老师，他们通过对课堂的规划来尽量增加对学生进行教学的时间，尽量减少管理问题。

为了保证教学的秩序和效益，高职英语教师必须对教师、学生和教学环境之间的关系进行协调，这种协调组织的活动就是教学管理。在教学管理中采取的策略称为教学管理策略。搞好高职英语教学管理不仅是教学活动顺利进行的基本保证，而且是提高高职英语教学质量的有效途径。

高职英语教学管理一般涉及师生的互动，包括"教师—学生"的关系维度和"学生—教师"的关系维度。前者主要与教师的素养有关，后者主要与教师对学生的组织有关。一方面，提高教师在关注集体情况下处理个别学生问题的能力和在日常教学中激发兴趣和敢于挑战的能力；另一方面，优化教学过程中的教学组织。在教学中，存在着一定的组织形式，既有社会组织形式，又有物理组织形式。前者是指学生学习时的分组方式，后者是指课堂中的物理摆设方式。两者又都可被分为竞争型、合作型和个体型三种形式。不同组织形式，需要教师运用不同的教学策略。以社会组织为例，教师往往采用建立行为规范和合理使用领导权力两种策略。

五、课堂强化技术

教师的呈现行为、内容转化行为、指导行为和管理行为是否有效，取决于学生反应的正确与否。在高职英语教学过程中，高职英语教师希望增加学生正确反应的次数，减少不正确反应的次数，以此来达到提高课堂教学效率的目的。教师在课堂教学中为达到这种效果所采用的方法和技术，即课堂强化技术。

（一）基本的课堂强化技术

在强化过程中，是强化物在增加反应概率方面起关键作用，而且教师对强化物的选择和使用安排，是运用课堂强化技术的关键。根据强化物的不同，可以把课堂强化技术分为言语强化、非言语强化、替代强化等几种。还有一些学者提到的延迟强化、局部强化也是课堂强化技术，可以看作对课堂强化的具体安排。

（二）根据具体情况采用的课堂强化技术

强化理论是斯金纳（Burrhus Frederic Skinner）的操作性条件反射理论的基础和最重要的部分。强化能够起到增强反应的效果，可分为积极强化和消极强化两种。

积极强化是通过呈现刺激增加反应概率。教师在课堂教学中，经常使用奖励性刺激如社会强化（社会接纳、微笑）、信物（奖品、分数、级别、金钱等）、活动（自由活动、小组活动等）等来激起学生的某种行为，这种强化策略就是积极强化。

消极强化通过终止不愉快条件来增加反应概率，教师在课堂教学中通过取消不愉快的刺激物（不能自由活动、不能休息）来激起学生的某种行为，这种强化策略就是消极强化。

两种强化方式都可以达到增加正确反应的效果，只是运用的条件和时机不同，教师在课堂教学中要针对不同情况灵活运用它们。

第三节　高职英语教学师生互动策略

在教学策略中，把以师生群体行为为主体的，以促进师生之间和生生之间的交流互动为特征，以促进学生发展为根本目的的策略称为师生互动策略。高职英语教学师生之间的交往互动是教的活动和学的活动的结合点，以发展学生的主体性为根本，体现了真正意义上的教学，所以这种学习化的教学策略是高职英语教学策略的基本发展方向。

教学策略以教与学、教师与学生、学生与学生和群体之间的互动为基本特征，所以从某种程度上说，教学策略也可称为教学互动策略。从教学互动的形式来看，教学中的互动主要有师生互动、生生互动和群体互动三种；从时空范围来看，教学中的交流互动主要发生在课堂内部，在课堂外部师生之间也存在一定的交流；从互动形式和时空范围的总体来看，还存在着综合性较强的教学互动策略。

一、教学互动的方式

了解教学互动的方式有助于教师采取更有针对性的教学策略来促进不同形式的互动。根据互动主体的不同，教学中的互动主要有三种方式：师生互动、生生互动和群体互动。

师生互动实际上是师生双方借助各种中介而进行的认知、情感、态度、价值观念等多方面的人际交往和相互作用的过程。

生生互动是学生与学生之间基于某种共同的学习目标而存在的合作与交流。合理的教学环境设计、良好的班级学习气氛、热烈的小组讨论、小组合作学习等都可以把学生带入合作的气氛中，在这样的环境中，学生与学生之间很容易产生互动交流。

群体互动是指教师与教师之间、教师与学生之间以及学生与学生之间形成的多边多向、多种形式交互作用的人际关系网络。教师可以通过小组讨论，以小组为单位的合作学习和加强教师与教师之间的合作与交流等途径来达到群体互动的效果。

二、课堂内部的教学互动策略

高职英语教学互动策略贯穿课堂教学过程的始终，在高职英语课堂内部，主要的教学互动策略有支持性教学互动策略和课堂交流策略两种。

（一）支持性教学互动策略

在教学过程中，为了促进课堂中各种形式的交流互动，教师需要创设一定的物理和心理背景，从而为教学的顺利进行提供物质上的和精神上的支持。这类教学策略就是支持性教学互动策略，它包括物理背景创设策略和心理背景创设策略。

1.物理背景创设策略

物理背景创设策略主要涉及环境的物质属性对交流的作用，物理背景的创设是非常重要的，这是因为它们有助于确定人们相互交往的特定场合，进而确定人们行为的分寸。物理背景的创设包括课堂中各个方面的布置和安排，主要有班级规模、座位安排和教学与实训场所布置等几个方面。

2.心理背景创设策略

心理背景创设策略，就是营造融洽的师生关系、良好的班级气氛和积极的教师期望等，以促进学生学习的有利因素，可以为学生的学习创设一个心理空间，达到激发学生的学习动机、促进课堂交流的目的。

（二）课堂交流策略

在高职英语课堂教学实施过程中，要真正实现互动，需要一系列行之有效的课堂交流策略。这些策略主要有以下三个方面：

1.内容限制性策略和非内容限制性策略

以经验为基础的教学策略有内容限制性策略和非内容限制性策略，前者注重师生与教学内容的关系，后者强调师生之间的关系。关于师生关系，研究者总结出了七种教学策略：①教师要制定一整套规则，使学生的行动有参照的标准，无须教师帮助就可满足要求；②教师要在教室中经常走动，在解答学生问题的同时检查他们的课堂作业，让学生知道教师在注意他们的课堂表现，同时注意学生的学习要求；③学生的作业要有趣、有意义，难易程度要适当；④教师要尽量减少发号施令和把学生集中在一起进行教导这样的做法，以日程安排来告诉学生行动的事项；⑤使每个学生都有被提问的机会；⑥教师应该采取转向、启发、追问和等待等不同的提问技巧来对不同的学生进行提问，达到课堂提问的效果；⑦在阅读小组教学中，教师要尽可能提供大量的简短的反馈，并使教学活动的节奏有张有弛。

2.提问策略

提问会在课堂教学中起到非常重要的作用。教学和提问就被看作相互关联在一起的活动，一个教学有成效的教师同时一定是一个很好的发问者。课堂发问可以激发学生参与教学活动的动机，实现由以教师为中心向以学生为中心的转移，加强教师与学生之间的联系，从而使教师与学生在问答中进行交往，营造和谐宽松的课堂气氛。有效的提问策略主要有转向、启发和追问三种。另外，等待也是在提问中经常使用的一种很重要的技巧。

3.讨论策略

在课堂教学中，如果要增进教师与学生、学生与学生之间的相互作用，讨论和以小组为单位的学习是最恰当的选择。真正的小组讨论意味着所有学生通过积极学习和参与，达到相互的全面交流。讨论是学生与教师、学生与学生在课堂中相互作用的活动过程，它允许学生阐述自己的观点或发现新的观点，但绝不是对已介绍内容的重复。

三、课堂外的教学互动策略

师生之间和生生之间的交流互动不仅发生在课内，而且还发生在课外。课内互动要求教师面对所有学生，注重的是共性和普遍性；课外互动则要求教师面对学生个体。因此，高职英语教师应该注意因材施教。高职英语教学课外的教学互动策略有调和策略、人际交往策略等。

（一）调和策略

调和策略注意将"双方兴趣"契合。寻找教师和学生的兴趣契合点可以缩短两者之间的距离，加深两者之间的交流。双方兴趣即专业兴趣与学生自己的兴趣，而专业兴趣体现为教师对所教学科知识的兴趣。教师不仅可以把兴趣作为师生关系的润滑剂，也可以利用双方在另外一些方面的相近之处和互补之处来同对方产生一些相近或相似的理解，以产生相同的情绪体验和共同语言，形成相互吸引和相互依赖的师生关系，同时，促进和完成角色磨合。角色磨合的过程是师生双方从陌生与封闭走向互相解读与选择的过程。个体是在与他人之间的相互作用、相互解释当中，根据别人的看法来认识自己的师生角色的。磨合既有一个从单一角色到多重角色的扮演、认同、融合的层面，又有一个从对社会的单一要求到多重要求的认知、理解的层面，其结果是促进了师生双方的心灵撞击。

（二）人际交往策略

人际交往策略，是指一系列能够激发个人在两人或更多人之间的探究活动中的特定言语和非言语行为，探究的结果是促成个体更多的自我认识。教师运用这些策略可以帮助学生懂得其心理状态是如何影响行为的，通过教师的示范和指导，可以帮助学生开始这种相互作用的交往过程，主要包括个别谈话策略、非言语交往的策略。

第四节　高职英语课堂管理策略

教师要管理好课堂教学，必须掌握一定的管理策略。常用的高职英语课堂管理策略包括教师自我调节策略、课堂组织策略和课堂人际关系协调策略等。

一、教师自我调节策略

影响课堂管理的因素有教师、学生和教学环境。其中，教师的素质、能力和教学中的种种行为，都直接影响着课堂教学的管理。

（一）赢得尊重

教师要管理好课堂，就必须赢得学生的尊重。要赢得学生的尊重，除了应具备一定的人格魅力、高尚的道德品质以及作为一名合格教师必须具备的知识和能力外，教师还应通过一些教学中的行为赢得学生的尊重。

教学前，教师应明确教学目标，根据教学目标认真地制订教学计划，安排好教学程序，以使整个教学过程有序地进行。进行学习评价前，先通知学生，明确告诉学生评价覆盖的内容，不要欺骗或戏弄学生。对学生的进步要发自内心地给以鼓励和赞扬，不要讽刺、挖苦学生。尽快熟悉学生的名字和习惯。对努力学习并取得好成绩的学生给以适当的奖励。这些行为虽然有些琐碎，但对学生有重要的影响。为进一步赢得学生的尊重，加深学生印象，更好地管理课堂，教师要按时上课和下课，事先做好上课的各项准备工作，如上课需要的表格、背景材料、演示仪器等。如果教师的准备工作不充分，就有可能引起学生的反感。

（二）纵观全局

效率高的教师与效率低的教师的一个重要区别是纵观全局的能力，这与教师的观察力和注意力密切相关。有效率的教师能观察到全班学生的活动，在向一个学生提问时能注意到其他学生的行为表现，还能同时做两件以上的事情，如在阐述理论观点的同时制止学生的违规行为，他们可以在问题还没有产生或还没有扩展时就对其加以控制。

（三）有效组织

有效的教学活动与课堂管理密切相关。有效的教学组织涉及教学方法、教学内容、课程要素和教学组织形式的选择。优秀的管理者会利用各种教学方法来吸引学生，如利用图表和演示等形象的、直观的手段吸引学生的注意力，可称为"以教学为中心"的管理。这样做，可产生两大功效：一是吸引学生的注意力，有助于学生的学习；二是能辨认出注意力涣散的学生。

教师在课堂教学中，如果偏离了主题，或重复学生已掌握了的学习材料，或教学内容只是思想和观点的堆砌，往往容易产生问题。相反，有逻辑结构的课堂教学能吸引学生的注意力。这说明教师一定要明确自己的教学目标，选择和使用恰当的教学策略，帮助学生实现目标。此外，学生的学习任务要有挑战性并富于变化。缺乏变化、缺乏挑战性的任务，学生很快就会厌烦，从而导致学生注意力分散，产生不当行为。

教师需要仔细地设计教学，保证教学有内在的逻辑性和结构性。提问的技巧和其他的教学策略都能使学生参与到学习活动中。这种参与能提高学生学习的效果，同时能预防管理问题的产生。

在课堂教学中，教学环节间的过渡容易出现问题。有时，教师有确定的安排，但却不能将其传递给学生。出现这种情况时，教师可通过以下方式改变这种困境：等整个教室安静后再表达自己的想法；清晰地陈述过渡时间段内学生的活动；将重要的内容写在黑板上；在过渡时间段，教师要仔细地检查、监督。

二、课堂组织策略

（一）课堂组织形式选择策略

课堂组织形式一般分为三种：竞争型、合作型、个体型。

1.竞争型课堂形式

竞争型课堂强调组织成员个人的优势和成就，评价是以学生之间相互比较的方式进行的。在这样的课堂中，总有一些学生比较好，一些学生比较差，而大多数学生处于中间状态，但所有学生都迫切希望自己比别人学得好。这种类型的课堂，学生以个人或小团体的方式进行学习，以独立的方式去实现自己的目标。教师是知识的传授者和学习的指导者，通常根据班级中的中上水平来掌控学生的学习进度。

2.合作型课堂形式

合作型课堂强调学生围绕共同的问题开展活动。班级中的所有成员都是重要的，他们学习能力的高低并不能决定他们为班级所做贡献的大小。因此，教师要鼓励学生们为班级出力，建立团体的目标，给每个学生都分配任务；要听取每个学生的意见，并进行筛选和总结，保证教学任务是由集体完成的。在这种课堂形式中，学生的创造力、积极性和运用先前知识的能力都得以展现，他们能够参与整个活动过程；而教师所扮演的是促进者的角色，他们的任务是询问、聆听，将学生的观点、思想进行归纳，从而推动班级的系统活动的开展。在许多情形下，合作型课堂形式不仅能提高学生的学业成绩，而且能使学生的交往能力得到明显的提升。

3.个体型课堂形式

在个体型课堂形式中，学生通常会根据自己的水平开展学习，按自己的节奏完成不同于他人的认知任务，并服从指导。教师是指导者，负责诊断和确定学生的水平，评价和鼓励学生进步，给学生提供信息的来源。这种课堂形式的目标是使学生掌握认知材料，稳步前进。

在实际的课堂教学中，往往是几种课堂形式的组合。教师在不同时间，根据不同的教学目标选择不同的课堂形式。不同的课堂形式将产生明显不同的效果，教师在选择课堂形式时必须考虑到这一点。比如，合作型课堂形式可能会出现一些混乱，但它有助于发展学生的社交能力、创造能力和决策能力；个体型课堂形式在认知方面的发展最为有效，同时出现管理问题的机会也最少；至于到底选择哪种课堂形式，取决于教师的风格和教学目标。

（二）组织策略

1.建立行为规范

班级是一种组织，根据社会心理学的理论，组织中的行为规范是它的一个重要标志。行为规范通常被定义为被组织中的大多数成员接受的一种行为准则。组织的成员有责任遵守这种行为准则，因为这些行为准则反映了人们在社会组织相互作用中的高度规律性，并有一定的预见性。行为规范虽然没有法律的严格性和强制性，但它反映了组织成员共同认可的一种行为准则，成员如有违背，将受到组织的某种惩罚。行为规范对组织具有功能性的作用，因为它给组织成员提供了行动的方向、准则，对组织的个体和群体都有约束力，组织的成员一般不能公然违抗它。因此，在课堂教学管理中，建立课堂行为规范是课堂教学管理的重要策略之一。

2.合理使用领导者权力

任何一个组织都有它的领导者。领导者的任务是带领、引导和鼓励组织成员为实现目标而努力。在课堂教学管理中，教师既是领导者，又是管理者、组织者。由于教师掌握了知识和传递知识的技能，其获得了一种形式的权力，随着知识和技能的发展，权力不断扩大。但是，在现代社会中，教师要清醒地认识到，课堂教学不是唯一能传递知识的方式。随着教育社会化的不断发展，电视、电影、家庭都可以向学生提供教育、传授知识，学生还可以通过旅行、各种文化活动来获取知识。

在课堂教学中，由于角色和地位优势，教师拥有很大的权力。但教师不能过度使用这种权力，否则，可能导致学生产生不安全感和抵抗情绪，这两者都不利于教学目标的实现。当教师使学生处于一种过于弱势的地位时，学生可能通过结成团体、引发混乱或不学习等方式进行报复。如果教师希望成为有效的管理者，就应该合理地使用权力来达到预期的目标。

三、课堂人际关系的协调策略

课堂中的人际关系包括教师与学生、学生与学生之间的关系。教师的课堂管理方式直接影响课堂的人际关系，而课堂人际关系的好坏又影响到课堂教学的效果。课堂教学中是否能形成和谐的人际关系，与教师的观念和能力有关。教师与学生之间的和谐关系表现为教学相长、尊师爱生。学生之间的和谐关系表现为学生之间相互吸引、相互学习。学生之间以合作为主，同时也有一定程度的竞争，在合作与竞争中达到一种平衡。

（一）课堂人际关系的协调

1.形成正确的师生观

正确的师生观是指教师和学生对彼此关系的正确认识。

2.公正地对待每个学生

每个人都希望他人公正地对待自己，学生也不例外。在课堂教学中教师的公正表现在向每个学生提问；对所有学生的问题都予以同样的关注；公正地评价每个学生的学习情况；给每个需要帮助的学生提供他们所需要的帮助等。

3.形成合理的竞争与合作机制

学生在课堂上需要有一定的竞争，更需要有合作。课堂中的竞争有助于提高学生的学习积极性，有利于充分发挥学生潜能。合作能促使学生更快地学会知识，还能增进班级的凝聚力。学习过程需要学生之间相互作用、相互影响，为此，教师必须运用适当的教学策略，使所有学生参与学习活动，并形成合理的、公平的竞争机制。

4.培养学生自我调节的能力

教师要重视培养学生的自我调节能力，培养学生与人相处、与人合作的态度和能力。在集体学习中，教师应指导学生学会根据一定的行为准则、道德规范，有意识地调节自己的行为，学会在与他人交往时，做到自尊又尊重他人。

（二）学生人际关系的测量

教师可通过观察、调查、交谈等方法了解学生的人际交往，也可以运用专门的测量方法测量学生之间的人际关系状况。目前，测量学生之间人际关系的方法主要有社会测量法、参照测量法等。社会测量法又称社交测量法，它主要用问卷的形式确定学生与学生之间的好感与反感、热情与冷淡等情绪关系，从而了解学生之间的心理距离。参照测量法是让学生去评价其他学生，了解学生之间的吸引与排斥。

第五节　高职英语教学的综合策略

目前国际上对英语教学的研究已经步入了"后方法"时代。在后方法时代，英语教学主要是探索"方法之外的途径"，更加强调综合教学策略的实施。高职英语教学符合国际上语言教学的发展潮流和趋势，在短短十几年的时间内，已经超越了单纯的英语教学法的视域，融合了高等职业教育的理念与理论，同样也步入了后方法时代。其有效教学的开展不再依赖于单一方法，更加突出综合教学策略的应用。

高职英语教学的综合策略就是根据高职教育的环境，由高职英语教师自创的、适合学生学习需要的、具有自身特色的教学策略与程序。高职英语教学的综合策略符合时代发展的规律，因此后方法时代的宏观教学策略同样适用于高职英语的综合教学。

而关于后方法教学的宏观策略，不同学者提出了不同的策略框架。其中库玛（B. Kumaravadivelu）提出的十大宏观策略框架较为全面，对课堂教学实践更具现实指导意义，对高职英语教学具有借鉴和实用价值。库玛的十大宏观策略分别是：学习机会最大化、理念错位最小化、语言输入语境化、语言技能综合化、激活直觉探索、促进协商互动、促进学习者自主、保证社会关联、提高文化意识、培养语感。

一、学习机会最大化

该策略把教学看作一个创造和利用学习机会的过程。教师既是学生学习机会的创造者，同时也是学生创造的学习机会的利用者。作为学习机会的创造者，教师需要在两个角色中保持平衡，即自己教学行为的计划者和学生学习行为的促进者。前者需要教师对学生现有的知识、能力水平和学习目的做出预先判断，而后者需要教师对学生处理课堂输入和课堂活动的质量加以评估。

学习机会最大化还包括教师根据课堂反馈对正在进行的教学计划主动加以调整，合理改变教学大纲的结构，以适应学生的需求和具体教学情景。这就需要教师不能固守既有的教学大纲和课本，而是要学会灵活变通。教材不是金科玉律，而是教师开展课堂活动的依据和基础。

学生也可以为自己和其他学习者创造学习机会，其方法通常有澄清问题、提出疑惑、提供建议等。

为了利用学生创造的学习机会，教师们不能固守"教师就是教师，学生就是学生"的传统观念，因为在课堂上教师和学生都是学习的管理者。课堂话语的产生是师生合作的结果，教师不能忽视其他参与者对课堂学习机会的积极贡献。在学生语言水平相差无几的课堂上，如果有一个学生在语言要点和教学内容的理解上出现困难，那就说明，其他学习者也可能面临同样的难题。因此，如果课堂上某一个学生的困难得不到重视，就意味着教师对学生创造的学习机会的利用是失败的。

二、理念错位最小化

一般来说，交际就是个逐渐减少不确定性的过程。换言之，人类的每一次交际活动都有可能包含歧义，在英语课堂上尤其如此。因此，无论英语课堂的设计如何巧妙、操作如何规范，都会出现教师意图和学生理解发生错位的情况。课堂活动带来的效果不仅取决于教师的备课程度和教师意图，更取决于学生的理念和他们对教师意图的理解程度。因此，必须密切关注造成教师意图与学生理解之间发生错位的潜在原因。

根据库玛的理论，造成上述错位的潜在因素如下：

（1）认知因素：指学习者借以理解物理和自然现象的关于世界和心理过程的知识。

（2）交际因素：指学习者交流信息的技能，包括对交际策略的使用。

（3）语言因素：指与目标语相关的一整套语言知识，包括句法、语义和语用知识。这些知识是学生参与课堂活动所必备的。

（4）教学因素：指教师或学生对课堂活动目标的认识，包括明示与暗示、长期与短期的课堂目标。

（5）策略因素：指学习策略，即由学习者为获取、储存、检索和使用信息而进行的操作、步骤、计划和常规活动。

（6）文化因素：指学生为了理解课堂活动所应有的目标语文化准则方面的基本知识。

（7）评价因素：指学习者为了监控他们的课堂表现所使用的正式或非正式的自我评价措施。

（8）程序因素：指学习者为了实现有效目标而选择的明示或暗示的路径。

（9）授课因素：指由教师提供或教材编写者暗示的用来帮助学习者实现学习目标的指示和说明。

（10）态度因素：指由参与者对待英语学习与教学、课堂文化以及对参与者角色关系的态度。

清醒地意识到上述错位因素可以帮助教师随时对课堂活动进行有效介入，以及时解决学生的困难，使课堂活动顺利进行。

三、语言输入语境化

语言作为篇章的特点，要求语言输入语境化，以便学习者从语言篇章和语言系统的交互效果中受益。孤立地介绍分离的语言项目会导致语用失谐，增加意义形成过程的困难。促使语言输入语境化的责任主要在于课堂教师，而非大纲设计者或教材编写者，因为无论教材上写些什么，都是通过教师创设的课堂情景来促进意义形成的。句子的理解和产生涉及对句法、语义、语用以及语篇知识的快速、即兴的综合运用。关于英语学习的研究成果表明，句法的学习受到语用知识的限制，学习者产生的语言形式依赖于语篇内容。为了顺畅一致地表达信息，不能把句法、语义和语用特征作为孤立的语言组成部分去理解，而是需要把学生的注意力引向综合的语言实质。

四、语言技能综合化

在语言中心教学法时代，语言技能被分割为听、说、读、写等单项技能孤立地训练。这种做法在理论上和经验上都缺乏合理性。现在我们知道，英语学习不但涉及语言学各个分支的综合，而且也是各种语言技能的综合。不可否认，上述四种语言技能作为组织原则在大纲设计和教材编写中仍被广泛应用。现行实践中，把这四种技能划分为主动技能（说和写）与被动技能（听和读），后又称为产出性技能和接受性技能，这种做法有待商榷。

语言的各种技能在本质上是相互关联、相互促进的。人为地把它们分解成可操作的单位项目，与语言和语言行为的平行和互动本质背道而驰。此外，任何一种语言技能的学习和应用都可对其他语言技能的学习和应用产生一定影响。仅以阅读为例，大量的阅读是发展阅读理解能力、扩充词汇量、提高语法水平的主要手段。整体语言运动启示我们，只有把语言作为一个整体进行学习和使用，才能达到提高语言知识和能力的最佳效果。

五、直觉探索激活

在英语教学环境下，教师无法通过周密的分析和清晰的解释向学生完整地传授外语的语法结构知识，只能通过适当的课堂活动让学生领会。教授语法结构时，教师应合理设计课堂活动，创设良好的语言学习环境，从而使学生主动进行直觉探索。

激活学习者直觉探索的方法之一就是提供足够的语篇信息，使学习者推知隐含其中的关于形式与功能的特定规则。大量的语言和篇章信息不是通过规则直接表达出来的，而是通过举例间接表达出来的。通过反复接触语言结构，观察语言设计，学习者可以归纳出语言在不同情境中使用的意义（包括结构、词汇等意义）。无论学习者的语言水平如何，这样的自我发现在他们理解和记忆语言过程中都发挥着至关重要的作用。

六、协商互动促进

该策略是指在课堂上使学生与学生之间、学生与教师之间进行有意义的互动，以使学生自由灵活地发起和引领课堂话语，而不只是对教师的话语做出反应。协商互动意味着学习者在课堂上要积极参加各种活动。在这些交互活动中，教师应该积极促进学生对语言的理解和应用。

对英语学习者尤其需要提供协商互动的机会，以帮助他们理解英语。有关互动调适的研究表明，提供协商互动机会是促使学习者超越现有的语言理解和产出能力的有效措施，这样可以使他们调整和重构与对话者的交流，直至达到相互理解。与语言理解相比，语言产出可以成为很好的促发器，使学习者主动关注语言形式、形式与意义的关系以及交际手段。

七、学习者自主性增强

"后方法"外语教学理念下的理想学习者是自主的。由于语言学习很大程度上是一种自主性活动，因此促进学习者自主学习至关重要。这一过程可以帮助学习者学会学习，具备必要的原认知策略、认知策略及社会情感策略，便于他们自主学习。要想引导学生自主学习，要促使他们提高对学习策略的认识，要帮助他们更好地认识自己。基于过去的经验，英语学习者可以把他们先前具备的有关学习的经验带到课堂。要促进学习者自主学习，教师面临的首要任务就是帮助学习者对自己的学习负责，并使学习者的态度发生变化。这一心理准备应该与策略训练结合起来，以帮助学习者理解学习策略是什么，如何运用学习策略来完成学习任务等。

八、社会关联保证

保持社会关联是指教师必须对英语教育所发生的社会、政治、经济及教育环境保持敏感。要真正理解英语教育，就必须理解其所在的社会和政治环境，此二者是英语学习重要的变量。英语教育不是孤立的教育活动，它深植于对其有深刻影响的宏观社会环境中。社会环境决定了学习和教学的不同问题，如英语学习的动机、目的、作用，学习输入的可行性、英语输入的内容等。课堂生活不可能与社会环境的生动现实隔绝开来。因此，与社会缺乏关联的教学是没有意义的。

决定英语学习社会关联性的关键因素是学习目的和语言使用。不同的社会环境在很大程度上影响着语言的学习和使用。我们要明白，学习者不是本族语讲话人的模仿者，而是介于两种语言之间的人。在不同的场合，学习者可以任意使用其中的一种语言。这一观察有助于教师在选择合适的教学材料、评价方式以及目标语知识和能力方面做出正确决策。

九、文化意识增强

文化教学是英语教学不可分割的一部分。在传统的教学活动中，文化教学旨在培养英语学习者对英语文化的认同。关于文化教学的传统观点也许足以帮助学习者获取必要的社会文化知识和能力，但在文化全球化的今天，仅凭这点还远达不到语言教学的目的。因此，我们不应该把教师看作唯一的文化使者，应该把学生也当作文化使者，鼓励他们参与课堂讨论，对他们提出的涉及文化知识的问题给予重视。这样的多元文化教学方法，有助于消除在跨文化交际中造成的误解和障碍。

十、语感培养

语感，是比较直接、迅速地感悟语言文字的能力，是语文水平的重要组成部分。它是对语言文字分析、理解、体会、吸收全过程的高度浓缩。语感是一种经验色彩很浓的能力，其中牵涉到学习经验、生活经验、心理经验、情感经验，包含着理解能力、判断能力、联想能力等诸多因素。所谓培养语感，就是有意识地努力引导学生注意英语的形式结构特点，提高学生对语言结构的明晰程度，促进英语学习。语感的培养可以提高学习者的学习效率，提升他们对英语的敏感程度。

第六节　高职英语文化教学策略

重视素质教育、人文素养培养、学生的可持续发展能力培养已经成为高职教育发展的潮流和方向。

培养纯技能型人才已不能满足社会发展和人才可持续发展的需要。高职教育在开展技能教育的同时，须加强学生的人文素质培养，这样才能帮助学生打下较为厚实的基础，促进学生综合素质的培养，使其成为具有社会竞争力的应用型专业人才。随着人们对语言和文化认识的加深，英语教学领域已经达成普遍共识，即语言教学与文化教学密不可分，文化教学与语言教学相融合已成必然，文化教学必将成为语言教学的重要组成部分。如何在高职英语教学中导入文化教学，成为高职英语教学研究领域关注的焦点问题。文化教学策略是英语教师在进行文化教学过程中所采取的教学策略。高职英语教师为了实现英语教学目标、提高英语教学效率，必须掌握有效的文化教学策略。

文化教学的有效实施离不开行之有效的文化教学策略的支持。陈申的《语言文化教学策略研究》一书系统地介绍了外语教学中的文化教学策略，这里只介绍其中一些基本的教学策略，供高职英语教师参考。

一、文化讲座

文化讲座，指以班级为单位、教师为中心，以演讲的方式直接向学生传授有关目的语和目的语使用文化知识的教学策略。适用于以下几种情况：

（1）教师向学生介绍文化新领域的可叙述或描述的知识，学生可以通过讲座掌握总体概况或基本概念的知识。

（2）教师讲解一系列可通过主题来分类归纳的相关文化事实，以文化讲座的形式来完成。

（3）在教师给学生布置有关文化学习的研究任务，或者需要解决的某个问题之前，对于学生需要掌握的基础知识，可通过文化讲座来传授。

（4）对于某些具体的文化资料，学生自学和阅读十分困难时，教师可借助文化讲座帮助学生解决因理解困难造成的误解。

运用文化讲座教学策略，教师对课题顺序、时间掌握等方面拥有极大的控制权，所以能确保在教学完成时学生有所收获。文化讲座对班级的大小没有严格的控制，以专题顺序组织的文化讲座有利于充分利用教师资源。教师的文化讲座一般都会汇集最新研究成果、方法，以及本人的心得与体会，所以能提供给学生许多宝贵的信息资源。学生在听文化讲座时，自己的听、写和观察能力会得到训练与提高。

二、文化参观

文化参观是以学生为主体，由教师辅导，在课堂时间或课外时间以某个文化专题为学习任务，以参加统一观摩活动的方式来实现预期的学习效果。适用于以下两种情况：

（1）某个文化教学单元结束以后，学生具备了有关专题的文化知识，就可以参观适合该专题的文化展览。

（2）当教师想要测试学生独立工作、综合分析文化知识的能力时，可安排学生参加文化展览并完成某项学习任务。

运用文化参观教学策略，能够调动学生主观能动性，使学生自主地观察、接触、研究、总结文化知识。文化参观一般都在比较宽松和非正式的环境中进行，娱乐性和趣味性较强的文化参观比较适合作为一种辅助性的教学策略，而不能作为常规的教学策略使用。特别要注意，如果学习任务不明确，文化参观就可能会变成走过场，导致学习效果不明显。

三、文化讨论

文化讨论是以班级为单位，以教师为组织者，调动学生就某个专题开展有程序的、面对面的讨论，以解决实际问题或理解特定课题的教学策略。

文化讨论需要一定的条件才能顺利开展：参加讨论的人必须乐与人交谈；参加讨论的人作为一个集体，应当提出至少两种不同意见，这样才能激发大家思考；所有参加的人都可通过集体智慧加深自己对主题的理解。

组织文化讨论的目的是使学生通过交流加深对某种主题的了解，而不是让学生与人争辩。在讨论中，教师是组织者和主持人，不应占用太多发言时间。

文化讨论适用于以下情况：

（1）当教师希望学生建立获取新知识的信心和对学习建立责任感的时候。

（2）当教师希望学生能充分发挥自己的主见，对有关文化事实的不同假设和推断提出疑问和加以讨论的时候。

（3）当教师有目的地训练学生交际能力时，文化讨论给学生提供表达复杂概念的机会。

（4）当教师希望学生了解对同样的文化事实可以用不同的方法分析，或从不同的角度和立场看待会有不同的结论时。

（5）当有必要建立学生的集体信念和合作精神时。

运用文化讨论教学策略，有利于培养学生的交际能力，为学生提供了锻炼语言表达能力，以及倾听别人意见、尊重别人经验和学习成果的机会。运用文化讨论教学策略时，教师提供的论题一般都是有争议的、没有定论的，所以学生应从不同的角度考虑问题。运用文化讨论教学策略，有利于建立平等的师生关系，增强学生间的互动性。运用文化讨论教学策略，要求学生和教师都必须做好充分准备，否则就会出现冷场现象。另外，教师必须保证内向型学生和外向型学生都能参与到讨论中，并且享有同等发言的机会。教师还要控制好讨论的方向，避免在讨论过程中出现跑题现象。

四、文化欣赏

文化欣赏是以班级为单位的教学活动，教师以主持人的身份组织学生根据预定的计划就某一文化专题或某一文化事件，代表个人或小组向全班做汇报式演讲的教学策略。

文化欣赏可以采取不同的形式：可以是纳入教学大纲、按序列专题进行的演讲，例如，将学生分成若干组，指定主题让其准备，然后在课堂开始或结束时由小组代表发言 10 分钟；也可以是随意的或即兴的文化欣赏，例如，学生凭自己的兴趣选择题目，进行课堂演讲；或者是总结性的文化欣赏，即在文化专题学习之后，组织汇报演讲，以陈述为主。

运用文化欣赏教学策略，有助于增进学生的主动性和教学中的灵活性，使学生可以自主选择专题。

一方面，文化欣赏对教师和学生提出了很高的要求，教师不能事先预知学生表演的内容，这就要求他们具备灵活应对课堂上会出现的问题的能力；另一方面，文化欣赏需要学生的积极配合，学生必须具有很高的积极性和很强的自主学习能力才能够顺利完成学习任务。

五、文化会话

文化会话是以小组为单位、以学生为主体、由教师辅导、以口头交际活动为主要形式的课堂教学策略。

影响文化会话开展的因素如下：

（1）学生是否清楚学习目标，即会话主题、功能等。

（2）学生是否做了充分的准备，如课前阅读、听录音等。

（3）教师是否准备了完整的指导纲领。

（4）教师是否构建了合适的学习环境。

（5）教师是否经常干预学生，是指明方向还是纠正偏题等。

（6）学生是全心全意地投入交际，还是敷衍了事。

（7）教师是及时得到学生的反馈并采取措施，还是听之任之、袖手旁观。

（8）师生是否达成默契，按时、按计划地达到目的，师生是否建立了良好的互动关系。

因此，为了保证文化会话的有效实施，教师在课前必须做好以下准备：

（1）如何分配小组。分组时要充分考虑学生的个性、能力、性格等因素，努力建立一个互相尊重、乐于助人的集体，并要选择一个合格的组长。

（2）如何启动对话。小组活动开始之前，教师要明确交代活动的要求与目标，在活动中要注意监控各小组活动的情况，并考虑好冷场时的应急对策。

（3）如何总结活动情况。在小组结束文化会话活动之前，教师做总结，评价学生的活动并对学生进行鼓励。

应用文化会话教学策略，小组成员参与教师设计好的学习任务的机会比较多，有了更多交流的机会。小组活动的形式使学生积极参加讨论，提高了学生的学习兴趣，增进了学生的学习效果。小组中的交际活动也为每个成员提供了体会不同社会角色的机会，训练了学生的交际能力。习惯了"填鸭式"教学方式的学生往往难以适应文化会话教学策略，教师应特别注意此类学生。要想更好地应用文化会话教学策略，教师要把握好对课堂的控制尺度，既不能过多地干预学生活动，也不能失去对学生活动的控制。

六、文化合作

文化合作指学生在小组中以合作的方式来完成某项语言文化活动，是一种以任务为本的教学策略。

在使用文化合作教学策略时应注意以下几个问题：

（1）采取此种策略要有适合的教学时机，符合教学目的，而不能为了使用策略而使用策略。

（2）教师应该在活动前解释清楚活动目的、程序和预期结果，使小组成员了解活动。因此，课前提供示范是有必要的。

（3）教师应该根据学习任务准备和分发必要的讲义，列出学习指导纲领和活动的要求。

（4）应该采取适当、公平的评估方法来检测学生的学习成果，测验的手段和评分的标准必须既能反映出小组合作的成果，又能体现出小组成员的个人贡献。

小组合作的学习方式有利于培养学生独立思考的能力，小组成员可以按各自能力与专长分工合作，发挥个人专长，互相学习。小组之间的合作强化了学生对自己学习的责任感和对同学的学习进展的关心，在人数较少的小组合作中学生能及时听到别人的反馈和评论。

七、文化表演

文化表演是指学生根据教师提供的模拟的交际场景，扮演不同的角色，在小组内或班级内汇报演出某种交际行为的教学策略。在英语课中，让学生扮演角色进行模拟交际是一种比较常见的教学策略。文化表演适合在小组（2～4人）中进行预演，然后在全班表演，包括三种形式：

（1）依照课本上的对话，作模仿练习。

（2）即兴的、简单的、根据教师提供的文化场景临时产生的交际行为。

（3）结合前两种活动的特点，教师给出活动场景要求学生设计更为复杂的交际脚本，例如有的学校每学期都会有英语晚会或者英语小品、故事表演等。

第一种表演形式比较容易，简短的表演脚本为参加表演的学生提供清楚的框架，教师可以允许学生准备提示卡片以减轻他们的心理压力，但是，学生的交际活动如果过于简单化和公式化，则不利于其真正了解目的语国家文化。第二种表演形式适用于新课或完成一个单元教学之后，培养学生即兴表演的能力。第三种表演方式更适用于在综合复习阶段使用。

应用文化表演教学策略，可以为学生提供更多参与交际的机会，使学生主动参加交际，而不是被动接受知识。应用文化表演教学策略，有助于提高学生的自信心与自尊心，锻炼他们的人际交往能力，增强他们在公众场合的交际能力。值得注意的是，文化表演一般需要很长时间的准备和演练，课堂教学往往受到课时的制约，因此文化表演教学策略不宜经常使用。

八、文化交流

文化交流指与目的语国家进行师生互换，共同体会不同的教学环境，进行真实情景的文化交流体验活动的教学策略。由于国内外语教学条件的限制，很难在我国大规模地推广真正意义上的文化交流，国内最常见的文化交流方式是聘请外籍教师，使中国学生有机会接触目的语及目的语国家的文化。

九、文化谜语

文化谜语是指让来自不同文化背景的学生就某个文化专题展开讨论，探寻教师提出的谜语的"谜底"的教学策略。

解答文化谜语的过程是学生用已知文化与目的语国家文化进行比较分析，以讨论的方式来解决交际中的文化冲突，基本上是以学生为中心的教学活动。

在准备文化谜语的过程中教师应该做好以下几点：

（1）假设跨文化交际中的某个情景，以便引导学生提出实际问题。

（2）创造协调的多元文化交际环境，以促使学生积极参与跨文化交际。

（3）及时对小组或个人给予辅导和组织全班总结，以保证学习过程的顺利进行，以使学生取得不错的学习效果。

应用文化谜语教学策略，可以培养学生自行解决问题的能力，并使他们获得极大的满足感，加深对所学内容的理解。寻求文化谜语答案的讨论和交际互动，增强了学生学习的主动性，锻炼了学生批判性思考问题的习惯和应对能力。文化谜语兼有文化讨论、文化会话和文化合作等教学策略的部分特点。因此，它也同样具有这些策略的优点。文化谜语教学策略可以配合其他教学策略一起使用。

十、文化冲突

教师可利用外语课堂中发生的文化冲突实施文化教学。在多元文化课堂上的文化冲突表现在中国学生与外籍教师之间的文化冲突和来自不同文化背景的学生之间因文化价值观的差异而造成的文化冲突。

教师在准备与实施文化冲突策略的过程中要注意以下几个问题：

（1）选择适合跨文化交际的教材，教材的内容必须有跨文化交际的特点。

（2）组织多种形式的教学活动和布置有挑战性的学习任务。

（3）教师本人可作为冲突创造者，与学生持对立观点，引导学生与自己辩论。

（4）教师往往无法充分预测课堂跨文化交际中出现的冲突，具有随机应变的能力很重要。

化解冲突即是语言文化学习的过程，它把学生的本民族文化和目的语国家文化通过语言有机地结合起来。应用文化冲突教学策略，有助于建立平等合作的师生关系。该教学策略要求教师具有很强的组织能力，对可能发生的交际问题要有充分的准备和灵活的应变能力。

十一、文化研究

文化研究教学策略的实施以研究和调查形式为主，包括六个步骤：

（1）提出文化研究课题。

（2）选取所需信息和资料来回答问题。

（3）决定搜集文化信息与资料的方法。

（4）处理原始资料并将其整理归纳，以便分析解释。

（5）分析归类的信息与资料并从中找出答案。

（6）总结分析。

文化研究教学策略主要适用于以下情况：

（1）当学生学习的文化课题有相当的深度和难度，仅仅依靠以教师为中心的文化讲座无法达到预期目标，采用其他的策略也受到一定程度的限制时。

（2）当学生在学习过程中对某个问题产生强烈兴趣并对此产生了截然不同的假设和论点，为了澄清学生的观点，让大家全面了解这一问题时。

（3）当教师期望学生有效地利用课外时间，巩固加强学生学习语言文化的成果，激励其学习积极性时。

（4）当教师期望学生不仅在跨文化交际技巧方面有所提高，而且在综合能力上也有所进步时。

应用文化研究教学策略，有助于促进学生对语言和文化关系的深刻理解，有助于调动学生的学习积极性。研究的过程有助于学生意识到过去所学知识的重要性，同时也有利于学生听、说、读、写四项语言技能的全面发展。在文化研究的过程中，教师要给予学生有力的指导，鼓励学生完成相应学习任务。

十二、关键事件分析

关键事件是指在某一情景中出现的，由于交际双方的文化差异所导致的误解、问题或者冲突。关键事件只描述发生的事情，并提供交际双方的感受和反应，并不解释在此情景中交际双方的文化差异，学习者通过观察和思考从而发现文化差异。使用关键事件分析教学策略的目的是使学生经历各种在与另一文化的人们交际时或是在适应另一文化时可能遇到的困境，从而知道如何应对文化差异所导致的误解、问题或者冲突。在实际的教学中，关键事件分析策略可以有不同的变化，教师可以把几个事件组合起来，对相关概念进行阐释。

采用关键事件分析教学策略的目的在于：

（1）使学习者意识到自己对关键事件中人物的行为、态度和反应的理解或解释是特殊的，是由母语文化决定的。

（2）澄清关键事件中可能导致误解、问题和冲突发生的文化差异。

（3）帮助学习者了解来自不同文化地区的人们是存在差异的，不同文化之间也存在差异。

（4）帮助学习者了解在相似情景中，什么才是得体而有效的行为。

（5）使学习者意识到自己该学什么，同时增强他们继续学习的动机。

教师在设计关键事件的时候，要注意以下几个问题：

（1）确定关键事件中的主要角色。

（2）提供足够的背景知识。

（3）必要时，暗示关键事件发生的时间和地点。

（4）简要描述事件发生的顺序。

（5）在条件合适的情况下，描述一下来自其他文化的人们会怎么做。

十三、角色扮演

角色扮演是语言技能课堂上常用的教学策略，也是重要的文化教学策略。通常由两名或两名以上学习者参加，为了达到特定的目标，学习者分别扮演不同的角色，然后在教师及其他学习者面前进行表演。没有参加角色扮演的学习者的任务是作为观众观察并去发现学习目标规定的某些问题。在角色扮演活动中，真正的表演时间一般只有 5~7 分钟，而准备的时间通常可以很长，有时可以达到 1 小时。角色扮演的主题可以是与来自其他文化人的第一次见面、进行国际谈判、在某一个你不熟悉的文化场景中拒绝别人等。

角色扮演的脚本应该清楚简洁，具有趣味性和戏剧的张力，而且结局应该是开放式的，采用日常生活工作或社交场景中使用的语言。

角色扮演在文化教学中的优势有：

（1）使参与的学生在人际交往的场景中清楚地了解相关技能，以及有效的和无效的行为所产生的影响。

（2）教师可以对参与表演小组的无效行为予以更正。

（3）使参与表演的学生有机会在真实的场景中尝试使用和巩固新技能。

（4）参与者有机会感受另一个角色。

（5）有助于增强学习者的学习兴趣。

角色扮演的实施过程如下：

（1）向学生说明角色扮演的目的是使他们练习使用某一策略，鼓励他们尝试新的活动。

（2）向学生描述角色扮演发生的情景。

（3）确定参与表演的学生，可以由学生自愿参加或者由教师指定，给每个参与的学生提供所需的背景知识，给他们足够的时间做准备。

（4）指导参与表演学生的准备工作。

（5）给观看角色扮演的学生们分配学习任务。

（6）布置好表演的场地。

（7）开始表演之后要做笔记，记录下表演者说的要点后展开讨论。

（8）表演结束后，请观众们思考，在相似的情景中，有没有其他解决问题的方法。

（9）请学生回答一系列的问题，目的在于使学生们能够描述角色扮演中呈现的问题，给学生思考其他策略的机会。

十四、案例分析

案例分析法创始于美国哈佛商学院，起初应用于管理教育和培训中，后来被其他学科广泛采用，外语教学中也借鉴了这一方法，把它应用于文化教学中。

案例分析通常是一段文字，描述某一个真实的情景并提供足够的细节，以便学习者能够分析其中的问题并决定解决问题的方法。

与关键事件分析不同，案例分析可能包含几个事件、几个人物而且对事件发生的情景描述得更细致。案例分析通常会留下亟待解决的问题，供读者思考。

案例分析可以通过以下步骤实施：

（1）把案例分析材料发给每个学生，让他们独立思考；或者以小组为单位分发材料，让他们集体协作，可以要求他们从不同角色的角度分析问题。

（2）把小组活动的任务分配给组内不同成员，有的人负责记录小组讨论内容，有的人负责做小组报告。

（3）带领学生们进入经验学习阶段，让学生们回忆自己的亲身经历，总结自己从案例和小组讨论中得到的结论，并将其应用于实际的跨文化交际场景中。

文化教学中采用案例分析教学策略的优势在于：

（1）案例分析反映了真实的跨文化交际场景，表明这是一个复杂的过程，并不是像它看起来那样简单。它鼓励学生们质疑"唯一正确的途径"等概念。

（2）帮助学习者发现并解决那些由于文化差异所导致的问题。

（3）培养解决问题的不同途径和策略。

（4）解决问题的方法是基于不同的文化视角提出的。

（5）在案例分析过程中的讨论以及辩论，会使学生们集思广益、取长补短、扩展知识面，获得一定收获。

案例分析教学策略的成功与否，取决于教师和学生的素质，以及所提供案例的质量。

以上是外语教学中常见的一些文化教学策略，它们各有优缺点。在高职英语教学中，教师可以采用一种策略或者几种策略来开展文化教学。此外，教师选择教学策略时要考虑学生的语言水平、个性特征和教学内容、课时安排、教学条件等，以取得最佳的教学效果。

第三章　高职英语教学方法研究

第一节　英语教学方法概述

一、教学方法的内涵

教学方法，是教学过程中教师与学生为实现教学目的和教学任务要求，所采取的行为方式的总称。

教学方法体现了特定的教育和教学的价值观念，它指向实现特定的教学目标要求。

教学方法受到特定的教学内容的制约。

教学方法要受到具体的教学组织形式的影响和制约。

教学方法包括教师教的方法（教法）和学生学的方法（学法）两大方面。教法必须依据学法，否则便会因缺乏针对性和可行性而不能达到预期的目的。在教法与学法中，教法处于主导地位。

教学方法不同于教学方式，但与教学方式有着密切的联系。教学方式是构成教学方法的细节，是运用各种教学方法的技术，任何一种教学方法都是由一系列的教学方式构成的，可以分解为多种教学方式。教学方式的应用，是指通过一连串有目的的活动，顺利地完成教学任务。与教学方法这一概念密切相关的概念还有教学模式和教学手段。

教学模式是在一定教学思想指导下建立起来的为完成某一教学课题而运

用的比较稳定的教学方法的程序及策略体系，它由若干个有固定程序的教学方法组成。每种教学模式都有自己的指导思想，具有独特的功能。它们对教学方法的运用，会对教学实践的发展产生很大的影响。现代教学中最有代表性的教学模式是"传授—接受模式和问题—发现"模式。

苏联教育家赞可夫（Занков Леонид Владимирович）认为，只要教学方法触及学生的情绪和意志领域，触及学生的心理需求，教学活动就会高度有效。在教学过程中，教师要充分调动全体学生参与交际的积极性，给他们留出自由发挥的空间，不要过分限制。

二、教学方法的分类

教学方法的分类就是把多种多样的教学方法，按照一定的规则或标准，将它们归属为一个有内在联系的体系。国外学者和国内学者的教学方法分类模式具体如下：

（一）国外学者的教学方法分类

1.巴班斯基（Юрий Константинович Бабанский）的教学方法分类

这一分类的依据是对人的活动的认识。巴班斯基认为教学活动包括三种成分：知识信息活动的组织、个人活动的调整、活动过程的随机检查，因此把教学方法划分为三大类：

第一大类：组织和自我组织学习认识活动的方法。

第二大类：激发学习和形成学习动机的方法。

第三大类：检查和自我检查教学效果的方法。

2.拉斯卡（John A. Laresca）的教学方法分类

这一分类的依据是新行为主义的学习理论，即"刺激—反应"联结理论（教学方法—学习刺激—预期的学习结果）。拉斯卡提出："教学方法就是发出和学生接受学习刺激的程序。"这些学习刺激可称为 A、B、C、D 刺激，由此形成四种基本教学方法。

第一种方法：呈现方法。

第二种方法：实践方法。

第三种方法：发现方法。

第四种方法：强化方法。

3.威斯顿（Weston）和格兰顿（Granton）的教学方法分类

依据教师与学生交流的媒介和手段，威斯顿和格兰顿把教学方法分为四大类：

第一大类：教师中心的方法，主要包括讲授、提问、论证等方法。

第二大类：相互作用的方法，包括全班讨论、小组讨论等方法。

第三大类：个体化的方法，如程序教学、单元教学、独立设计、计算机教学等方法。

第四大类：实践的方法，包括现场和临床教学、实验室学习、角色扮演等方法。

（二）国内学者建构的教学方法分类模式

1.李秉德教授主编《教学论》中的教学方法分类

按照教学方法的外部形态，以及相对应的这种形态下学生认识活动的特点，把中国的中小学教学活动中常用的教学方法分为五类：

第一类方法：以语言传递信息为主的方法，包括讲授法、谈话法、讨论法、读书指导法等。

第二类方法：以直接感知为主的方法，包括演示法、参观法等。

第三类方法：以实际训练为主的方法，包括练习法、实验法、实习作业法等。

第四类方法：以欣赏活动为主的教学方法，如陶冶法等。

第五类方法：以引导探究为主的方法，如发现法、探究法等。

　　2.黄甫全教授提出的层次构成分类模式

　　黄甫全教授认为，从具体到抽象，教学方法是由三个层次构成的，这三个层次是：

　　第一层次：原理性教学方法。解决教学规律、教学思想、新教学理论观念与学校教学实践直接的联系问题，是教学意识在教学实践中方法化的结果。如启发式、发现式、设计教学法、注入式方法等。

　　第二层次：技术性教学方法。向上可以接收原理性教学方法的指导，向下可以与不同学科的教学内容相结合构成操作性教学方法，在教学方法体系中发挥着中介作用。如讲授法、谈话法、演示法、参观法、实验法、练习法、讨论法、读书指导法、实习作业法等。

　　第三层次：操作性教学方法。这一层次方法指学校不同学科教学中具有特殊性的具体的方法。如语文课的分散识字法、英语课的听说法、美术课的写生法、音乐课的视唱法、劳动技术课的工序法等。

　　在高职英语教学过程中，教师可以根据不同项目中的不同任务来具体选择教学方法，以便取得良好的教学效果。

三、选择教学方法的基本依据

（一）教学目标

　　不同领域或不同层次的教学目标的达成，要借助相应的教学方法和技术。教师可依据具体的可操作性目标来选择和确定具体的教学方法。

（二）教学内容、要求及特点的关系

　　不同学科的知识内容与学习要求不同，不同阶段、不同单元、不同课时的内容与要求也不会完全相同，因此教师对教学方法的选择要灵活、多样。

（三）学生的特点

学生的特点直接制约着教师对教学方法的选择，这就要求教师能够科学而准确地研究分析学生的特点，有针对性地选择和运用相应的教学方法。

（四）教师的自身素质

教师在选择教学方法时，还应当根据自己的实际优势，扬长避短，选择最适合自己的教学方法。

（五）教学环境条件

教师在选择教学方法时，要在时间、条件允许的情况下，最大限度地运用和发挥教学环境条件的功能与作用。

四、教学方法的运用

首先，教师应根据具体教学的实际，对所选择的教学方法进行优化组合和综合运用；其次，无论选择或采用哪种教学方法，教师都要将启发式教学思想作为运用各种教学方法的指导思想；最后，教师在运用各种教学方法的过程中，还必须充分关注学生的参与性。

五、对于教学方法的新思考

教学是一种活动。对于教师来说，教学是指导学生学习的教育活动；对于学生来说，教学是在教师指导下的学习活动。在这种活动中，学生在教师的指导下学习知识和技能，同时发展能力，形成相关的思想品德。任何教学活动，无论从事该活动者是否有意加以探究，都有一定的方法，区别在于方法的优劣程度，即方法较为高效还是较为低效。

人们在判断一位教师处理课堂中问题的能力时，要看其是否缺乏相关经验，有没有采取正确的教学方法。

对于教学方法的概念，不同的人有不同的理解和认识。教学方法是开展教学活动的方法，而教学活动是教与学双方的活动，包括教师的教授行为和学生的学习行为。因此，我们可以将教学方法做如下解释：教学方法是教师为了达成一定的教学目标，组织引导学生进行专门内容的学习活动所采取的方式、手段和程序的综合。教学方法包含教师的教法、学生的学法、教与学的方法。

教法，是教师为完成教学任务所采用的方式、手段和程序；学法，是学生在教师指导下获得知识、形成技能、发展能力和发展个性过程中使用的方式；教与学的方法，是指在教学过程中教师为了完成教学任务所采用的教授方式和学生在教师指导下的学习方式。

本章主要论及教师的教法和教授方式。研究教学方法，对指导教师的教和学生的学而言都是不可或缺的。良好的教学方法可以激发学习兴趣，提高教学效率，但任何方法的选择、运用都必须综合考虑教学的目标和内容，学生的身心发展状况，教师自身的素养水平，教学的时间和教学要求等。

每一种方法都有自己的特点、功能，放之四海而皆准的方法是不存在的。人们常说教学有法，但教无定法，重要的是要依据教学各方面的实际情况，将相关方法进行合理有效的组合。因此，教学方法的选择运用是一种创造性活动，是一种教学艺术，也是教学成功的关键因素。

谈到教学方法，还要区分两个概念，即 method 与 methodology。结合相关学者的观点，我们认为，method 是"方法"，指教学方法的具体类型，由一系列与理论相符的教学技巧组成；而 methodology 是"方法学"，指研究具体教学方法的科学，包括教师关于语言本质和语言学习的理论思想、基于相应教学思想的教学计划与安排以及具体的教学方法。因此，本章所说的教学方法以 methodology 为基础，它是由教学思想和课堂教学技巧等不同层次构成的体系，即以语言学、教育学、心理学及其他相关学科的理论为基础，建构相应的教学模式，并依靠与教学思想相适应的具体教学技巧加以实现。

教学方法主要包括讲授法、演示法、实验法、讨论法、练习法等五种类型。即便是具体的方法，也有诸多细节需加斟酌，正所谓细节创造完美。好的教师应该充分整合与灵活运用各种教学方法，促使学生重视学习，增强学生学习的主动性，使他们在经历艰辛、获得丰富的学科知识、提高相关技能的同时，亦能获得愉悦的心理体验。这就是我们常说的"教学有法，教无定法，贵在得法"。任何具体的教学方法都是教学思想的体现，教师在注重教学方法的运用的同时，更应经常反思自己的教学思想。

事实上，教师对教学的一般思考通常是在教学规律、教学目的、教学原则和教学方法之间的来回运动。换句话说，教师要面临两方面思考：从教学规律、教学目的、教学原则出发，思考在教学实践中所采用的具体教学方法的科学性；将实践上升至理论高度，从具体的教学方法这一角度思考这些方法是否符合教育规律、目的和原则。正是借助这样一个不断思考和探究的过程，教师对教学方法的选择和改进的实践经验才有可能上升至更高的理论层次，教师对教学理论的思考才有可能落到实处。

第二节　交际教学法
在高职英语教学中的应用

一、交际教学法的兴起与发展

（一）交际教学法的兴起

交际教学法于 20 世纪 60 年代末起源于英国语言教学传统的变革。在此之前，情景教学法居于支配地位。根据情景教学法的原则，语言学习是通过学习者在有意义的情景活动中练习基本句型来进行的。

然而，这种教学法所包含的理论假设受到了一些应用语言学家的质疑。霍瓦特（A. P. R. Howatt）提出，有必要更深入地研究语言本身，回归传统的理念。言语本身就具有一定的意义，它反映了说话人或作者的观点和想法。

美国著名的语言学家乔姆斯基（Avram Noam Chomsky）在他所写的经典著作《句法结构》中也批评了结构语言学理论。他向我们证明当时的语言标准结构理论不能阐述语言的基本特征——每个句子都有唯一性。英国的应用语言学家坎德林（Christopher Candling）和亨利威德森（Henry Widdowson）等人，强调语言的另一个基本特征——语言的功能性和交际性潜能。他们发现语言教学更重要的是交际能力，而不仅仅是掌握语言结构。

随着教育形式的变化，有必要探讨不同的语言教学方法。随着经济、教育、政治等的交流和合作的发展，欧洲国家联系越来越密切。因此，欧洲理事会（The European Council）推动成立了国际应用语言学协会（International Association of Applied Linguistics），并且为举办国际性语言教学会议、出版英语教学书籍做了大量工作。这大大促进了欧洲国家间的文化和教育合作，这也是驱动欧洲第二语言教学方法发展的另一个因素。

在 20 世纪 70 年代初，英国语言学家威尔金斯（D. A. Wilkins）提供了一份初始文稿，后来经过修订扩展成为一本书《理论教程》。威尔金斯通过分析语言学习者应该理解和表达的交际意义，对交际性的教材研究做出了贡献。潜藏于语言表面交际使用之下的意思可描述为两类：一类属于概念类（时间、地点、顺序、数量、频率），另一类属于交际功能（道歉、建议、要求、抱怨）。这种语义系统为欧洲理事会所采纳并用以设计初级交际性语言教材。因此，大家公认威尔金斯的书对交际教学法的发展产生了深远的影响。

（二）交际教学法的发展

自从 20 世纪 70 年代中期以来，交际教学法的应用范围进一步扩大。英国和美国赞同交际教学法的学者认为交际教学法有两个目标：一是把交际能力看作语言教学的目的；二是为教授语言技能（听、说、读、写）设计适当的步骤，强调语言和交际的相互依存。显然，交际教学法的内涵把它同其他教学方法在范围和地位等方面区别开来。

对一些实践者来说，交际教学法只不过是语法教学和功能教学的结合。而对于其他实践者来说，这意味着引导学生以一种不同的方式学习：在教学过程中，学生以双人活动或小组活动的方式使用语料，并完成学习任务。

霍瓦特提出了交际教学法的两种模式：一种是"弱式"版本，另一种是"强式"版本。在"弱式"版本的模式下，学生首先把语言当作一种结构系统来习得，然后学习如何在交际中使用；而"强式"版本强调"语言是通过交际而习得的"。这表明学生是在学习如何进行交际的过程中发现语言的结构系统的。换言之，"弱式"版本的交际教学法把语言形式和功能的教学看作必备的手段，以便帮助学生提高他们利用语言形式和功能进行交际的能力；而"强式"版本的交际教学法则把使用语言的经历当作学习语言的主要途径或必备条件，因为这些经历为学生提供了去感受语言是如何在交际中使用的机会。

结合相关作者的研究结论，笔者对听说教学法和交际教学法的主要特征进行了总结和对比，结果如表 3-1 所示。

表 3-1　听说教学法和交际教学法主要特征的对比

听说教学法	交际教学法
更多关注结构而不是语义	语义最重要
语言项目不必出现在上下文中	上下文是前提
主要学习结构、语音或词汇	学习交际
不使用母语	必要时可以使用母语
初级水平阶段不进行翻译	必要时可以进行翻译
会话在读写之前进行	如有必要，可先进行读写
通过学习获得语言能力	学会有效进行交际
教师控制学生	教师帮助学生使用语言
追求语言的准确性	语言流畅可接受即可

这是交际教学法赞同者在支撑自己论点时的一个有趣的例子。除此之外，这样的对比也展现了交际教学法和先前传统教学法的主要区别。交际教学法广为人们所接受，虽然接受的方式并不相同。因为来自不同教育背景的实践者会以不同的方式来解读和使用它。

人类学家马林诺夫斯基（Bronislaw Malinowski）和他的同事——语言学家约翰·佛斯（John Firth），也对一些与语言使用中交际性和背景性因素进行过相关的研究。佛斯认为，需要将语言放到更深的社会文化背景中去进行研究，他们的言谈举止和信仰、谈话涉及的内容以及说话时选用的词语，都有研究的必要。

以学生为中心、以经验为基础的第二语言教学的观点，是交际教学法所提倡的另一个教学要点，这在传统语言教学之外也得到了人们的赞同。在设计教学方法时，教师应该考虑学生特有的兴趣、风格、需求和目标，也应该鼓励教师准备那些基于学生具体需求的学习材料。

显然，人们对交际教学法应用流程的基本观点是：语言学习是从语言和语言使用的交际模式开始的，这一模式应该能设计为一种指导性系统，该系统包括语言材料、教师和学生的角色与行为、课堂活动和方法。

简而言之，美国和英国赞同交际教学法的人都认为交际教学法是基于对语言这样的理解：语言是一种功能性系统，也是一种表达功能性语义的工具。语言的最本质功能就是交际和互动。

二、交际教学法的理论基础

交际教学法有深厚的理论基础。瑞恰慈（Ivor Armstrong Richards）和罗杰斯（Carl Ranson. Rogers）列出了一些语言的交际性特征：首先，语言是一种用于表达话语的语义系统。其次，互动和交际是语言功能最基本的特征。再次，语言的功能性和交际性的应用体现在它的语言结构上。最后，语言的语法和结构特征并不是语言的基本单位，相反，语言的功能性和交际性语义才是构成语言的基本单位。

语言理论是教学设计和教学步骤的基础。英国和美国的语言学家普遍认同交际教学法有两个教学目标。交际教学法是这样看待语言的：语言是一种功能性系统；语言可以被看作一种用来表达功能性语义的工具；语言的基本功能是互动和交际。李特尔伍德（William Littlewood）说："交际教学法最大的特征之一就是它既重视语言的功能特点，也重视语言的结构特征。"

为了更好地理解交际教学法以及它是如何在教学实践中得以实现的，我们有必要分析一下交际能力并给它下一个定义。卡纳尔（Canale）和斯温（Swain）是从四个方面来给交际能力下定义的：语法能力、社会语言能力、话语能力和策略能力。

第一，我们知道语法能力反映的是语言代码本身方面的知识，包括对词汇的掌握，词汇构成方面的知识，发音拼写的规则和句子的构成。语法能力是人们准确理解和表达话语原意不可或缺的能力。

第二，社会语言能力可以理解为指掌握语用规则、在真实的社会语境中得体地运用语言的能力，它涉及从话题、谈话人的社会地位，到交际互动的目的等各个方面。

第三，话语能力指运用话语进行连贯表达的能力。一篇文章的统一性是通过形式上的黏合与逻辑上的连贯而得以实现的。黏合是指如何把话语从结构上连接起来。连贯是指文章中逻辑和语义的关系，从表面上看语义可能是字面的意思，而在深层的结构上是交际功能，或者称作符号学上的社会交际语义。

第四，策略能力指在交际中根据发生的情况策略地处理语言的能力。我们也有必要加强交际中的有效性。

三、交际教学法在高职院校英语教学中的应用

在 20 世纪 80 年代前，传统的教学方法，如语法翻译法、听说教学法等，一直占据着我国英语教学的主导地位。在传统的教学法模式下，听说教学活动常常包括以下部分：听老师读的材料或者录音材料；重述所听到的内容；根据听力材料回答问题；根据所给提示做出回答。很显然，在这种类型的教学活动中，学生所使用语言的方式与真实语境中使用语言的方式大相径庭。因此，在交际教学法模式下的语言背景中，听说技能应该以不同的方式来进行训练。也就是说，教师应该给学生提供更多的机会去听鲜活真实的语料，并说出有意义的富有创造性的语言。

我们都知道，英语教学的目标就是使语言学习者在真实的语言环境中能以目标语进行交际。教师应该教授鲜活真实的语言，而且应该按照真实语境中语言所使用的方式去教授学生使用语言。然而，在许多高职院校的英语教学实践活动中，英语教学往往不是这样来进行的。真实情况是学生在传统教学方法模式下习得的语言与现实生活中所使用的语言相去甚远，这主要体现在以下两个方面。

第一，在现实生活中，语言是用来执行特定的交际功能的。比如说，打电话、问路和指路、表达喜好等。然而，在传统语言教学模式的课堂上，语言教学主要强调语言的形式，而不是强调语言的功能。如果以这种方式来进行教学，结果是学生学会了许多句型结构或表达方式，但他们却往往不知道该如何使用这些句型结构或表达方式。最终，学生还是不能在现实生活中恰当地应用语言来满足他们的交际需求。

第二，在现实生活中，当人们进行语言交流时，不仅仅需要输入性技能（听力技能和阅读技能），而且也需要输出性技能（说和写的技能）。然而，传统的教学方法常常强调某些语言技能，而忽略了其他语言技能。例如，语法翻译法强调语言的读和写，却忽略了语言的听和说，而且，在现实生活中，人们总是在具体的语境中使用语言。然而，传统的教学方法常常强调语言，而忽视了语言应用的环境。

自从 20 世纪 80 年代以来，交际教学法开始在我国的第二语言教学中引入使用。现在，越来越多的高职院校教师开始在他们的语言教学中探讨和使用这一教学法。

自从我国在 1996 年颁布《中华人民共和国职业教育法》以来，我国的高等职业教育迅速发展。根据这一法律，高等职业教育应该承担的主要任务是提高社会及经济建设领域从业人员的职业技能和管理水平，"实用为主，够用为度"一直是高等职业教育秉承和坚持的基本教学原则。英语交际能力是当今社会从业人员的必备能力之一，然而，许多高职院校的英语教学并没有体现出职业教育的实际情况，基本上还是在照搬"普通高等教育"的理念和模式，教学中依然以采用语法翻译法为主，英语教学侧重于知识的传递，而不注重培养学生使用英语进行交际的能力，因此学生不能灵活地把课堂学到的英语知识有效地应用于现实生活的实际交际中去。经过几年的学习，毕业后，学生依然不能自如地使用所学英语满足实际工作的交际需求。

实际上，许多高职院校的英语教学面临这样的问题：入学时，学生英语自主学习度较低，学习主动性不强，学生的英语水平差异很大；教师教得累，学生学得苦；教学效果比较差；教师完成英语教学计划的效果不够理想，难以顺利实现高职教育的目标。许多教师对此进行了反思和探索，以便改善这种状况。他们不断努力以寻求更为有效的教学方法来促进和提高高职院校的英语教学效果。

近些年来，我国一些高职院校的英语教师开始探索采用交际教学法来开展英语教学。有些教师已经在他们的教学实践中看到了成效，但是，有些教师对使用这一教学法的效果并不感到十分满意。他们把这归结于以下几个原因：

一是高职院校的教学班级规模往往过大。以某个学院为例，一个班级常常有 25 到 40 名学生。教师们发现，他们在有限的教学时间内很难确保每个学生都有机会与其他学生使用英语进行口头交际。

二是入学时学生的英语基础和英语水平差异很大，教师很难在同一个班级的英语教学中满足每个学生的需求。

三是教师在有限的课堂教学时间内难以同时完成两大教学目标：帮助学生习得英语听、说、读、写的交际技能；帮助学生准备并通过全国英语等级考试。

四是，有些高职院校的英语教师未能接受足够多的教学方法方面的培训。大家知道，在交际教学法模式下的课堂上，教师要把许多时间用在准备教学材料、组织教学活动等方面。

因此，英语教师要具有较高的交际法教学能力，并掌握教授语法、句型结构的技能之外的多种语言技能。

总之，对于高职院校来说，应该对当前的英语教学模式进行反思与改革，大力推广交际教学法在英语教育教学活动中的应用，提升学生的英语实际应用能力。

四、高职英语教学中引入交际教学法的措施

（一）制订切实可行的教学计划

《高职高专教育英语教学课程基本要求》指出，高职英语教学的目的是：经过 180～220 学时的教学，使学生掌握一定的英语基础知识和技能，具有一定的听、说、读、写、译的能力，从而能借助词典阅读和翻译有关英语业务资料，在涉外交际的日常活动和业务活动中进行简单的口头和书面交流，并为今后进一步提高英语交际能力打下基础。

根据这一要求，培养学生的英语综合应用能力就成了高职英语教学的中心任务。因此，在制定教学大纲时，必须充分考虑到学生实现交际目标所需的语言资源和语用能力，力求完善。在制订授课计划时，除了以教学单元为单位，安排教学进度，还应根据课程涉及的具体内容，学生的既有语言知识和语用水平，以及日后的专业需要，有所侧重地安排各项交际目标训练所占的比重。

（二）选用合适的教学材料

选用的教学材料是否恰当，直接关系到教学的效果。教学材料包括授课时所使用的教材和其他补充材料。除了通用的高职英语教材，教师还可以选择一些补充材料更好地达到培养学生交际能力的效果。对于教学材料选择的一个基本要求就是真实性——为学习者而设计，贴近生活，切合学生的学习习惯，统一获取且使用方便。

真实性不仅应体现在材料本身，还应体现在根据材料所设置的交际任务上。英语国家的新闻报道等往往是很好的听力材料。口语材料的真实性更多地体现在设置任务的有效性上，即设置的话题应当接近现实生活。

阅读材料的选取应该具有多样性，因为人们在现实生活中往往需要阅读各种各样的信息，一份报纸上就有新闻、小说、广告等不同的文学体裁。写作材

料的要求与口语相似，也重在任务的有效性。写作的题目应该与学生的生活经历相关，力图使所有学生都有可以表达的内容。有时，一份材料可以训练听、说、读、写四项技能。比如让学生阅读一篇招聘广告，然后写一份求职简历，之后再安排一次模拟面试。在模拟面试的过程中，学生既要听懂考官的提问，又要进行相应的回答，听和说这两种技能同时得到了应用。现实生活中的交际往往需要同时运用两种以上的技能。因此，这样的材料很有意义。

（三）激发学生的学习兴趣

由于交际教学法强调以学生为中心，选取材料时除了考虑真实性，还应考虑到学生的接受心理，力求激发学生的学习兴趣。教师可以尝试让学生提建议，或者是发动学生找一些他们感兴趣的材料来和大家一起分享。此外，从满足职业教育的要求出发，教学材料要具有时代性和针对性，适应高职院校不同专业的特点和要求。学校可对一线英语教师进行调研，明确各个专业对英语的需要，来确定教学内容，并以此来选定教材或者自编教材，也可对现有的教材进行分析对比、组合使用。

第三节　任务驱动教学法
在高职英语教学中的应用

多年以来，我国的英语教学方式虽然有所改变，但依然是以传统的课堂教学为主，以教师为主体，以教材为核心。教学依然是教师讲、学生听、做题、对题、学生听记、教师演示的僵化单一的形式。采用这种传统的教学法，目标不明确，教师苦恼，学生兴趣不高。

如何让学生感觉到所学的东西有用，如何让学生的知识、能力和素质满足岗位要求，实现教学与岗位的高度一致，是一个迫切需要解决的问题。任务驱动教学法的出现有助于增强学生的学习积极性，使学生变被动学习为主动学习。

一、任务驱动教学法

（一）任务驱动教学法的内涵

所谓"任务驱动"就是在学习的过程中，学生在教师的帮助下，紧紧围绕一个共同的任务活动中心，在强烈的问题动机的驱动下，通过对学习资源的积极主动应用，进行自主探索和互动协作的学习，并在完成既定任务的同时，引导学生产生一种学习实践活动。"任务驱动"是一种建立在建构主义教学理论基础上的教学法，它要求"任务"的目标性和教学情境的创建，使学生带着真实的任务在探索中学习。在这个过程中，学生还会不断地获得成就感，可以更大地激发求知欲望，逐步形成感知心智活动的良性循环，从而提高独立探索、勇于开拓进取的能力。而任务驱动教学法就是指教师在进行教学设计时，根据课程准备若干个任务，学生围绕这些任务，把教师设计的每个教学内容完成，可以通过小组合作完成，也可以是学生独立完成。然后还要进行具体操作，教师充当的是教练或者是教导员的作用，与学生一起边学边做。

任务驱动教学法的主要结构是：呈现任务—明确任务—完成任务—任务反思评价。在公共英语课中，体现"任务驱动"就是让学生在一个个典型的语言处理过程中，在"任务"驱动下，展开协作学习活动，教师引导、帮助学生由简到繁、由易到难、循序渐进地完成一系列任务。在实际教学工作中，任务驱动教学法能让学生"动"起来，进而乐于学习、主动学习、创造性地学习。

利用任务驱动教学法授课，一定要让学生在任务履行的过程中充分感受语言的功能，以及语言形式与功能的关系，增强学生的语言得体性。要注意任务之间的连贯性，在课堂教学中如何实施，前后衔接如何做，让学生喜欢参与、能够参与，保证教学的连贯性和流畅性。还要注意可操作性，尽量避免环节过多、程序复杂的课堂任务。

（二）任务驱动教学法的实施环节

1.创设情境

需要创设与当前学习主题相关的、尽可能真实的学习情境，引导学习者带着真实的任务进入学习情境，使学习更加直观和形象化。生动直观的形象能激发学生联想，唤起学生原有认知结构中有关的知识、经验等，从而使学生利用有关知识与经验去同化或顺应所学的新知识，发展能力。

2.确定学习任务

在创设的情境下，选择与当前学习主题密切相关的真实性事件或问题（任务）作为学习的中心内容，让学生面临一个需要立即去解决的现实问题。问题（任务）的解决有可能使学生更主动、更广泛地激活原有知识和经验，来理解、分析并解决当前问题。问题的解决为新旧知识的衔接、拓展提供了理想的平台，通过问题的解决来建构知识，正是探索性学习的主要特征。

3.自主学习与协作学习

不是由教师直接告诉学生应当如何去解决面临的问题，而是由教师向学生提供解决该问题的有关线索，如需要搜集哪一类资料，从何处获取有关的信息、资料等，注重发展学生的自主学习能力。同时，倡导学生之间的讨论和交流，通过不同观点的交锋，调整、优化每个学生对当前问题的解决方案。

4.评价学习效果

对学习效果的评价主要包括两方面内容：一方面是对学生是否完成当前问题的解决方案的过程和结果的评价，即对所学知识的意义建构的评价；另一方面是对学生自主学习及协作学习能力的评价。

（三）任务驱动教学法的作用

从学生的角度说，任务驱动教学法是一种有效的方法。它从浅显的实例入手，带动理论的学习，大大提高了学生学习的效率和兴趣，培养他们独立探索、勇于开拓进取的能力。

从教师的角度说，任务驱动教学法是建构主义教学理论基础上的教学方法，将以往以传授知识为主的传统教学理念，转变为以解决问题、完成任务为主的多维互动式教学理念；将再现式教学转变为探究式学习，使学生处于积极的学习状态，每一位学生都能根据自己对当前任务的理解，运用共有的知识和自己特有的经验提出方案、解决问题，这就为每一位学生的思考、探索、发现和创新提供了开放的空间，使课堂教学过程充满了民主、个性和人性，使课堂氛围真正活跃起来。

二、高职英语教学引入任务驱动教学法的背景

很多高职院校的学生英语语言应用能力较差，并且对于语言的基础知识和能力的习得态度漠然，这已经影响到学生的正常就业和个人的职业发展。因此，高职英语教师应想方设法改进课堂教学模式，探索能够调动起学生积极性的、学生易于接受的形式。

任务驱动教学法是如今广泛应用的教学法之一。教师围绕某些交际项目和语言项目，设计出具体、可操作的任务，学生通过交流、解释与询问等语言形式来完成任务，以达到掌握语言的目的。任务驱动教学法吸收了以往教学的很多优点，需要教师根据学校的要求整合教学内容，摒弃旧有的教学大纲和教材，更新评价方式。

三、任务驱动教学法在公共英语中的主要实施步骤

（一）学习任务设计

教师首先要精心设计学习任务，在呈现学习任务时，最好把它设计得符合学生的兴趣和最近发展区。任务最好包括让学生可以轻易完成，让学生动动脑筋可以完成，让学生深度思索才可以完成的三个层次。

在课堂教学过程中，根据教学目标，教师要将教学内容融入一个个的任务中，从教学目标的提出到学生们完成学习任务，中间环节要认真实施任务驱动教学法，使学生通过完成任务达到掌握知识和技能的目标，同时培养学生的合作沟通能力，提高他们的综合素质。

在整个任务的设计过程中需要关注几个问题：①任务要尽可能与学生应掌握的英语知识和技能密切相关；②任务要接地气，贴近生活；③任务要求要明确，具有极强的可操作性；④任务的评价体系要健全，有利于学生之间的良性竞争和教师的考核反馈。教师必须根据课程的具体内容，精心设计出一个个实际任务，让学生在完成这些任务的过程中，掌握知识、方法和技能。

（二）学生参与和教师指导

基于建构主义学习理论的任务驱动教学法，要将学生的学习活动和任务紧密结合，创建真实的教学环境，让学生带着真实的任务学习，让学生拥有学习的主动权。学生的自主学习不单是知识由外到内的转移和传递，更应该是学生主动建构自己的知识经验的过程，通过新经验和原有知识经验的相互作用，能够丰富自身的知识、提高自身的能力。

当然教师也可以进行引导、提示和补充，但要注重发挥学生的主动性。

（三）效果评价

对学习效果的评价，有助于培养学生的成就感，还可为今后教学任务的完成奠定良性发展的基础。

从学生的角度说，任务驱动是一种有效的学习方法，大大提高了自己学习的效率和兴趣，提高了独立探索、勇于开拓进取的能力。一个个任务完成了，学生就会获得一定满足感、成就感，从而拥有更大的求知欲望，逐步形成感知心智活动的良性循环。

从教师的角度说，课堂不再是一言堂，将以往以传授知识为主的传统教学理念转变为以指导学生逐个解决问题、完成任务为主的多维互动式的教学理念。科学运用任务驱动教学法，有助于学生了解认知目标和技能目标，还能对学生的思维方式、道德情感、行为习惯以及人格塑造和价值取向等方面产生积极影响。

但是在实际操作中也发现了一些问题：①教师对于教学进度的把握不太容易，总体学习任务分为一个个小目标，小目标通过任务体现，不利于把握教材中的知识点。②在设计任务时，教师往往难以抉择：是关注学生考试的考点多一点还是关注岗位英语的知识点多一点？③课堂管理需要改进。运用任务驱动教学法时，课堂气氛活跃，有的学生一味干扰其他学生，而不是研究任务、执行任务。④对于不同学生的认知特点和能力差异把握也不是很准确，难以充分考虑学生的个体差异，这样有一定梯度的任务就不能继续下去。

任务驱动教学法最根本的特点就是"以任务为主线、教师为主导、学生为主体"，改变了以往"教师讲，学生听"和以教定学的被动教学模式，形成了以学促教、学生主动参与、自主协作、探索创新的新型学习模式。从高职院校公共英语教学实践可知，任务驱动教学法有利于激发学生的学习兴趣，培养学生分析问题、解决问题的能力，提高学生自主学习以及与他人协作的能力。总之，任务驱动的教学模式改变了传统的教与学的结构，使学生真正成为学习的主体。在这一模式下，学生将可能通过手头的手机、笔记本电脑等随时上网寻求帮助。

第四节　情景教学法
在高职英语教学中的应用

一、情景教学法的含义

情景教学法是指教师在教学过程中，有目的地创建或者使用具有一定情绪色彩的、以形象为主体的生动具体的场景，让学生进行一定的态度体验，从而帮助学生理解知识，并使学生的心理机能得到发展的教学方法。情景教学法的主旨在于激发学生的情感。如榜样作用、生动形象的语言描绘、课内游戏、角色扮演、诗歌朗诵、绘画、体操、音乐欣赏、旅游观光等，都是寓教学内容于具体形象的情景之中，其中也就必然存在暗示作用。

英语本身作为一门操作性、实践性、应用性较强的学科，从某种程度来说就是一门工具学科。它是学生学习其他知识、专业的工具。建构主义学习理论认为，应把情景创设看作意义建构的必要前提，并将其作为教学设计最重要的内容。

英语这门语言总是发生在某个实际问题（即情景）下的，在实际情景下或通过其他手段创设的、接近实际的情景下进行学习，教师不但可以利用生动、直观的形象有效地激发联想，唤醒学生长期记忆中有关的知识、经验或表象，使学习者能利用自己原有认知结构中的有关知识与经验去同化当前学习到的新知识，赋予新知识以某种意义，而且在真实的情景下学习，有助于学习者明确学习的意义，激发其主动学习的积极性，最终达成高效的意义建构。

在传统的以讲授为主的英语课堂教学中，由于学习者总是被动接受知识，所以他们往往会产生思维的惰性，这不利于学习者对知识的意义建构。正是出于对情景创设重要性的认识，英语教师都会在教学实践中设计"情景创设"这么一个环节，并期望创设的情景能有助于学生的意义建构，创设接近真实的学习情景。夸美纽斯（Jan Amos Komenský）的《大教学论》谈道："一切知识都是从感官开始的。"这充分说明了直观教学的重要性。人的感官就是知识的入口处，也是人类获取知识的唯一途径。情景教学最直接地体现了直观教学的原理。它给教学带来情景，让学生在特定的情景中感知、理解，运用所学的知识，从形象的感知达到抽象的领悟，缩短了认识的时间，提高了学习的效率。

在高职英语教学中，通过运用情景教学法，可以激发学生对英语专业的兴趣，使其在学习实践中，有效提高口语表达能力及英语阅读理解能力，进而可以自信面对一切英语学习中遇到的重、难点知识，使其综合能力得到全面提升。另外，通过建立对话情景，可以增强教师与学生的感情，使学生完全体验到情景教学的人文情怀，进而建立足够的自信，有效投入英语学习中。在实际教学过程中，高职英语教师一定要注意情景创设的科学性和实效性，使其符合课堂教学内容，能够充分被学生所吸收和利用，最大化实现理想的应用效果。

二、情景教学法在高职英语教学中的具体应用

（一）利用实物创造情景

与其他学科相比，高职英语具有一定的复杂性。在学习过程中，学生不仅容易受到自身思维和理解能力的束缚，也会受到社会文化环境的影响。一般情况下，对于英语词汇，学生都会自然地按照其表面含义进行理解，却忽略了对

深层次内涵的挖掘。采用这种学习方法虽然有一定的可行性，但在面对特殊英语词汇时，却无法保证其效果，且很容易让学生产生错误的理解，长此以往，学生会走入误区，运用错误的方式对英语阅读材料进行理解，自然也就会得到错误的阅读信息。因此，为了避免这种学习状况的出现，高职英语教师应在课堂教学中采用实物法来开展情景教学，让学生通过对实物的观察，理解英语词汇含义，从而加深其对英语知识的印象，提高其英语学习成绩。

（二）利用教材内容和身体语言激活情景

随着教学多媒体技术的引入，教师更要灵活地运用各种电子教育手段，为学生提供真实自然的语言使用环境，使教学过程变得生动、感染力强，让学生融入以英语为母语的环境中。在现代电教化设备创设情景下，让学生多看、多听，获取最大的信息量。教师可利用多媒体设备让学生听纯正的英文，让学生观看英文动画片、电影等，培养学生的听力和音感，这样的教学方式直观明了，学生也更加投入，能多方面调动学生的学习积极性。

教师的身体语言即是一种无声的语言，它能对教学情景起到恰到好处的补充、配合、修饰作用。教师的笑容、亲切而信任的目光、期待而鼓励的眼神，可以使学生充满自信，消除恐惧感，从而全身心地投入教学情景中。

目前，我国大多数高职英语课堂教学采取一站式教学法，师生间的互动和交流很少，不仅不利于师生关系的培养，而且还会影响学生对英语学习的兴趣，从而使自身英语水平明显降低。另外，很多高职学生由于学习能力有限，老师提出问题时，无法给予正确的回答，常常有心无力，严重降低了课堂英语教学效率。

因此，要想改善这种教学现状，英语教师就要适时采用对话法来进行情景教学，积极引导学生主动参与英语学习活动，使其可以流利地用英语回答问题。首先，教师要根据每位学生的性格及学习特点来设立相应的情景教学内容，确保其能用英语进行顺畅的交流（如向教师提问、回答教师提出的问题等）。其次，要构建与学习内容有关的对话情景，调动课堂氛围，激发学生的积极性，从而使其可以在对话、提问、回答等中不断深化对英语知识的理解，充分体现情景教学的应用优势。

（三）开展思辨活动，丰富学习情景

当今世界的教育研究表明，人们提倡愉快教学，希望教师寓教于乐。心理学研究表明，学习个体的情感对认知活动有强化、调节的功能。情景教学正是调动学生健康的情感体验，能直接提高学习的兴趣，使学习活动成为学生主动进行的快乐的事情。教师可在课堂上有意识地增添一些趣味性游戏，创设丰富的游戏情景，使学生觉得好玩，从而使他们更有效地参与教学。

例如，猜词意，让两个同学面对面站着，一个说这个短语，另外一个说出它在本课的近义词或者反义词。这样既锻炼了学生听、说、读的能力，也有助于激发他们的学习兴趣。

（四）用积极的鼓励活跃情景

对人的教育，必须强调促成和谐而全面的发展。在语言教学中，情景教学对学生的全面发展具有特殊作用。语言学习的内容为情景教学提供了有利的条件，教师据此创设教学情景，变语言情景的"此情此景"为"我情我景"，学生置身其间感知、理解，使学生得到全面发展。

高职学生很希望教师给予鼓励和肯定，教师可以针对学生的这些心理有意使用激励手段，激发他们的兴趣。教师要随时注意学生的闪光点并予以肯定，使学生产生一种愉快的感情体验。这有助于调动学生的积极性，使其不断体会到学习进步的喜悦，从中得到心理上的满足。当回答问题气氛不够强烈时，教师也要给予适当的鼓励。当学生们回答正确时，教师要及时说"Very good!""Well done!""Great!"等以示表扬。

（五）让学生充分参与，还原情景

学生在还原情景时可以采用表演方式。情景教学中的表演有两种：一是进入角色；二是扮演角色。"进入角色"，即假如我是英语语言材料中的某某；扮演角色，则是让自己全身心投入对材料中某一角色的表演活动中，去亲身经历角色的过往，从而产生与角色相同或相似的心境。

整个课堂让学生扮演情景中的角色，学生在角色中完成各种学习内容，以达到教师在课前为此预设的目标。它始终把学生主动、全面的发展放在中心位置，在注意发挥教师主导作用的同时，特别强调学生学习主体地位的体现。教师只要能激发学生主动参与的积极性，促进学生进行意义建构，这样的情景就是可行的、优秀的情景。教师要根据学生身体条件、兴趣爱好和运动技能等方面的个体差异，让学生享受成功的喜悦，保证大多数学生能完成学习目标，体验学习的乐趣。

（六）综合实践，拓展情景

情景教学中的特定情景，提供了调动学生原有认知结构的某些线索，它经过思维的内部整合作用，可以让学生顿悟或产生新的认知结构。情景所提供的线索起到一种唤醒或启迪智慧的作用。比如正处于某种问题情景中的人，会因为某句提醒或碰到某些事物而受到启发，从而顺利地解决问题。高职学生英语水平和能力的高低，最终体现在说和写上，高职英语的一个教学重要目标就是要适应职业和生活的需要。因此，在课堂上，教师可引入更多实践活动，引导学生综合运用知识、技能和方法并参与到活动中，培养学生的职业理想和职业情感。

情景教学法能针对学生参与情景的过程，结合各个专业特点，让学生既可以深入了解专业知识，又可以练习英语这门技能，从而提高学生的英语表达能力，又能加强学生的职业化训练。比如学习接待客人的篇章时，学生可以针对文章中提到的一些情况对照自己的真实状况进行讨论，学会如何接待客人，如何进行寒暄，如何将彼此关系拉近。

有老师发现，运用情景教学法，既激发了学生的学习兴趣，使其乐于参与讨论，锻炼了其英语能力，增强了其合作意识和团队协作精神，又提高了自己的专业技能。

总之，情景教学法是以现代心理学所揭示的人的心理活动为基础，在重视学生情绪的基础上，吸取了传统的教学优点，集直观性、启发性、形象性、情感性于一身，真正代表了现代教学方法的发展趋势。将这一方法运用于英语教学中，既能解决学生厌学等诸多问题，又有助于学生英语交际能力的培养。因此，第二语言教学宜采用情景教学法，让学生在具体的语境中学习英语。而教师通过教学实践，不但提高了自己驾驭课堂的能力，也拓宽了视野，提高了教学水平。这样的课堂学生喜欢，教师更能体会到成就感，也为今后教学技能的进一步提高开拓了思路和途径。

第五节　多元智能教学法
在高职英语教学中的应用

一、多元智能理论概述

（一）多元智能理论提出的背景

霍德华·加德纳（Howard Gardner）是世界著名教育心理学家，最为人知的成就是"多元智能理论"，被誉为"多元智能理论"之父，是哈佛大学"零点项目"研究所的两名负责人之一。

1979 年，在伯纳德·范·里尔基金会的支持下，加德纳开始实施关于人类潜能的本质，以及这些潜能如何才能得到最大程度的开发的研究。他把过去对不同群体认知能力的观察发现和研究成果，包括对特殊群体认知能力的研究结果综合起来，将人类的能力命名为"多元智能"，并于 1983 年在《智能的结构》一书中提出了多元智能理论。

传统心理学科学地位的确立开始于 18 世纪的后半叶。大量的科学研究，探索的是人类认知最普遍的规律，也就是现在所说的人类信息处理法则和人类个体之间的差异，即人的能力以及能力方面的缺陷。实际上，这是对人的心理能力进行测试的一种方式。与此同时，智力测验研究产生了，它的出现又引起了争论。

在智力测验范围内存在的长期争论形成了不同的派别，主要是"刺猬派"和"狐狸派"。

前者将所有的智能都看成是一个整体，相信人有单一的、神圣不可侵犯的能力，而且相信这是人类特别的属性，他们特别强调的是每个人与生俱来都拥有一定数量的智能。英国心理学家查尔斯·斯皮尔曼（Charles Edward Spearman）则属于受"刺猬派"影响的人物。他们相信，存在主宰一切的一般智力因素"g"，而且认为这一因素是智力测验中每一道题所要测量的因素。

后者则认为人类智能是可以分成若干组别的。美国心理测量学家瑟斯顿（L. L. Thurstone）被加德纳称为"狐狸派"的代表人物和主要支持者，他认为有一组原始心理能力存在，且这些心理能力之间相对独立，对它们需要采用不同的方法分别加以测试。瑟斯顿将这种能力进一步细分为以下七种：文字理解能力、语言雄辩能力、流畅操作数字的能力、空间视觉想象能力、联想记忆能力、快速知觉能力和推理能力。

"刺猬派"和"狐狸派"的争论一直持续了几百年，这两派意见谁都未能占上风，一直无法达成共识。

传统心理学观点、皮亚杰理论、信息处理信息学和"符号系统"对智能观点的研究方法主要专注于特定种类的逻辑的或语言问题的解决，而加德纳则从生物学的视角出发，采取了一种范围更加广阔和自由的研究方法，这种研究方法来自对神经系统的深刻认识，来自生物科学和认知科学的研究成果。加德纳认为智能必定伴随着一组解决问题的技巧，使人能够解决自己所遇到的实际问题或困难；如果需要的话，还使人创造出有效的产品；必定还能调动人的潜能去发现或提出问题，从而为掌握系统的知识打下基础。

加德纳提出了判断智能的依据：①从大脑损伤看到潜能的独立性；②超常儿童及其他异常个体的存在；③可加以识别的核心运算或一组运算；④有独特的发展史和可定义的一组专家的"最终状态"；⑤有一个进化史和进化的可塑性；⑥来自实验心理学研究的证据；⑦来自心理测量学的证据；⑧对符号系统编码的敏感性（智能的结构）。

加德纳把智能界定为某种智力的实体，它们比高度专门的信息处理机制（像航线的探测）要宽泛，比大多数的一般能力，如分析、综合或自我感却要窄得多。智能是源自人类生物和心理的本能，是一种解决问题或创造产品的能力，也是一种处理特定信息的能力。智能的本质决定了每一种智能按照自己的方式运作，都有自己的生物学基础。一种智能绝不会完全依赖于单一的感觉系统，智能依靠其自身，通过一种以上的感觉系统得以体现。

（二）多元智能理论

人的智力与人的大脑的生理结构密切相关。加德纳通过数年时间分析人脑和人脑对教育的影响，他在大量心理学实验数据和实例的观察分析的基础上，认识到大脑中至少有着多个不同的智力中心，因而，人类思维和认识方式是多元的，亦即存在多元智能。他认为，我们以往的所谓智力测试基本上都是集中在这两种智力上，全世界很多学校教育也集中在这两种能力上。但加德纳指出，这使我们对我们的学习潜力产生了一种不正常的、有限的看法。尽管传统的两种能力有助于你"进入名牌大学"，但你未来的生活质量则依赖于"你对其他形式的智力拥有和使用的程度"。

86

　　加德纳在《智能的结构》中提出人都具有七种智能：语言智能、逻辑-数学智能、空间智能、身体-动觉智能、音乐智能、人际智能和自我认知智能，之后在 1996 年又提出了自然观察智能。

　　1.语言智能

　　语言能力就是一种最广泛、最公平地分布在人类各个种族之中的智能。语言具有说服能力，即使用语言去说服其他人，使之乐意沿着既定的路线从事某种行为的能力。

　　语言也有记忆潜能，即使用语言作为工具，帮助人记忆信息的能力。语言还有解释能力，即在教与学中传授基本概念，解释自己行为的能力，也就是应用语言去思考语言的能力。

　　语言能力具体表现为口头表达能力或写作中有效应用文字的能力，包括驾驭语法或语言结构的能力、音韵学或语言发音能力、语义学或语言意义能力及语言实际运用能力。

　　语言智能型的学习者善于通过听、说、读、写的方式学习，喜欢听故事、讲故事、阅读、听英语歌曲、看图用所给词汇写作进行学习。因此，在教学中教师通常可采用以下教学活动：讨论、辩论、讲故事、复述故事、编写改写、汇报、文字游戏、阅读、翻译练习、朗读、替换句型、听范文朗读、角色扮演、问答游戏、背诵、中英互译、演讲等。

　　2.逻辑-数学智能

　　逻辑-数学智能表现为观察和推理方面的智力，是一种科学思维智能，是可以跨越不同领域或专业解决问题的能力。它具体表现为有效运用数字及进行完好推理的能力，如判别、推理、概括、计算等。逻辑-数学智能型的学习者擅长通过概念和颜色识别等方式学习，长于计算，善于收集资料。由此，教师可以采取的教学活动主要有语法与短文对比、连线、排序、故事重组、计算统计、数据分析、逻辑论证、比较与对比、图示、科技英语、拼字游戏、智力难题、科学实验、单词分类、推理故事等。

3.空间智能

空间智能是准确地感知视觉世界的能力，是一个人对于最初感知到的那些东西，进行转化或修正的能力，是即使在有关物体的刺激不存在的情况下，也能够重造视觉体验的某些方面的能力。它具体表现为准确地感知视觉、空间世界及完成知觉转换的能力。这种能力包括视觉能力、以图形的形式呈现视觉或空间思维的能力及在空间矩阵中对自己进行准确定位的能力。

空间智能型学习者喜欢通过概念图、想象、图片和丰富的色彩进行教学，对所幻想的内容进行生动描述。由此可知，常见的教学活动有：动画、填字游戏、想象游戏、寻图练习、视觉表演、心理图像练习、设计板报、图片与英文单词对对碰、拼字游戏、看图说故事等。

4.身体-动觉智能

身体-动觉智能指熟练操作工作对象的能力，其中既包括手指与手做出细微动作的运动能力，又包括使用整个身体做出大幅度动作的运动能力。具体表现为善于运用整个身体来表达思想及情感的特殊技能及运用双手制作或改造某些产品的能力，包括对特殊的身体技能，如协调性、平衡性、技巧性、灵活性、速度等的感受能力与触觉能力。身体-动觉智能型学习者擅长通过触觉、身体运动等方式来学习，角色扮演、戏剧的即兴创作等均能激发他们的学习欲望。教师应安排用手操作的活动来为他们提供好的学习机会。

教师可采取的教学活动主要有：戏剧舞蹈、角色扮演、工具操作、触觉活动、实地考察、合作与竞争活动、话剧、木偶戏、手势、手工劳作、哑剧和各类体育活动等。

5.音乐智能

音乐智能是人们根据一组按照节奏排列的音高，识别其内涵和重要性的能力以及创作这种按节奏排列的音高序列，并以此作为与他人交流手段的能力，具体表现为感受、辨别及改编、表达各种音乐形式的能力。

音乐智能型学习者是通过节奏和旋律进行学习，喜欢听音乐，喜欢把所学的内容唱出来，喜欢在做事时拍打节奏。常见的教学活动主要有：设背景音乐、歌曲听写与辨词、歌曲编故事、配音、主持、学唱英文歌、吹口哨、手脚打节拍、乐器介绍等。

6.人际智能

人际智能的核心能力是留意其他人之间差异的能力,特别是观察他人的情绪、性格、动机、意向的能力,具体表现为感知并区分他人情绪、意图、动机及情感的能力。

人际智能型学习者喜欢通过与他人的联系、合作等方式学习,小组教学是适合他们学习的最好方式。小组活动、合作练习、访谈、社会调查、推销、模拟练习、问卷调查、团队解决问题、筹办聚会、介绍计算器、数学习题、科学仪器、计算机等都是他们喜欢的学习活动。

7.自我认知智能

自我认知智能是一种人内在发展的能力,是通向一个人对自己生活的感受,即人的情感或情绪范畴的能力。这种能力能够直接辨别生活中的感受。

自我认知智能与人际智能不同,人际智能是一种转向外部、转向其他的人类个体的能力,是发现其他人类个体之间的差异并加以区别的能力,尤其是对他们的情绪、气质、动机与意向进行区分的能力。而自我认知智能是一种人对自己内心世界的认知:了解自己的情感生活和情绪变化,有效地辨别这些情感,最后加以标识,使之成为理解自己和指导自己行为的能力,具体表现为自我认识及在此认识的基础上采取相应行为的能力。

人际智能型学习者喜欢在学习前激励自我,通过制订学习计划来保证自己的学习效率及效果。但是有一点不能忽略,那就是进行与业余爱好相关的活动也有助于提升他们的学习效果。日志、自主练习、自我研发及评估、个性化学习、项目学习、上网学习、反思学习、读名人自传、用心体会英文歌词的含义、设立目标、设立计划等,都是学习者可能喜欢的对学习效果有改善作用的活动。

8.自然观察智能

自然观察智能具体表现为善于对个体环境中的大量物种——植物群与动物群进行认识和划分的能力。这种智能也包括对其他自然现象的敏感性及其在城市环境中的生长变化情况，以及在非生命形式之间进行区分的能力。自然观察智能型学习者喜欢从事一些与自然相关的项目，喜欢参加环境保护组织、野生动物保护组织。

常见的教学活动有：分类练习、模拟游戏、看录像、动手学习、实地考察与探索、制订环保计划、自然课堂、户外阅读、写观察笔记、列郊游计划、制订动植物保护计划等。

（三）多元智能理论的特点

阿姆斯特朗（Thomas Armstrong）指出，多元智能理论具有四个方面的特点，这些特点为多元智能理论的教育研究提供了理论依据。

1.每个人都同时拥有八种智能

多元智能理论提出，每个人在智能方面都拥有潜质，但不是这八种智能同时发挥作用。八种智能以多种不同的方式发挥作用，对每个人来说，发挥作用的方式不一样，大部分普通人只有部分智能处于优势，或多种智能组合发挥作用；对于杰出的人来说，会在所有智能或大部分智能方面处于优势，如著名诗人、演说家、政治家、哲学家、科学家等；而某些人，表面上失去了基本智能外的部分智能，但事实上他们拥有某方面较强的智能，如美国作家海伦·凯勒（Helen Keller）等。

2.每一种智能存在多种表达形式

对于智能存在多种表达形式，许多现实生活的例子都给出了解释，如某些不会阅读的人却具有较强的口头表达能力；一个在球场上表现笨拙的人在编织和手工制作方面却有着超常的智能。智能的表达形式多种多样，不存在某一种单一或固定的模式。

3.多数人某一种智能水平能发挥到较高水平

加德纳认为对在某一指定领域内缺乏相关能力的人，应给予适当的鼓励，提供丰富的环境与指导，帮助其将另一种智能发展到相当高的水平。

教师会面对各种各样的学生，有的学生学业成绩平平，但在人际交往方面却表现出极大的热情。面对这种学生，应利用他的人际智能优势，安排社会交际方面的工作，学生就会乐意去做，可能做得还不错。

4.各种智能之间以组合的方式共同发挥作用

各种智能之间是并存且相互作用的。以教师为例，语言智能是教师必备的能力，要上好一堂课，教师除了要对知识的讲解，还需要辅以肢体语言（身体-动觉智能）、音乐，灵活运用教学内容的导入手段或教学手段。但要成为一名优秀的教师，除了上述各方面，教师还需了解自己教学的效果并及时进行反思，不断改进（自我认知智能）；还需与学生交流，了解学生的学习需求、生活条件和心理状况，与学生沟通，建立良好、轻松的师生关系（人际智能和自然观察智能）。

由此可见，在教学过程中综合运用多种智能，有利于教学质量的提高。

（四）多元智能理论对我国英语教学的意义

束定芳提出，英语教学应充分了解学习者的学习需求、个体差异、认知风格等，在此基础上，进一步关注影响学习者的情感因素，在教学中从教育理念、教学方法、教学策略、教学评价四个方面进行教学改革。

多元智能理论对我国英语教学的意义主要有以下几点：有助于形成"以学生为中心""关注学生个体差异"和"全面发展学生"的学生观，有助于形成"多元化教学策略"的个性化教学观，有助于形成"多元化评价体系"的评价观以及"用多元智能来教"的教师观。

1.有助于形成"以学生为中心""关注学生个体差异"和"全面发展学生"的学生观

根据多元智能理论，每个人除了拥有语言智能和逻辑-数学智能以外，还同时拥有同等重要的其他智能，如音乐智能、空间智能、身体-动觉智能、人际智能、自我认知智能、自然观察智能等。实践证明，每一种智能在人类认识世界和改造世界的过程中都发挥着巨大的作用。学生没有"聪明"和"愚蠢"之分，教师不能给学生贴上"差学生"和"好学生"的标签。每个学生都是各具潜能的，通过教育可以得到不同程度发展。

在多元智能视野里，衡量学生智能水平，不能仅仅以他的在校成绩或表现为依据，更重要的是考查他解决问题的能力，生产及创造具有某种价值或社会需要的有效产品的能力。多元智能理论不只是判断学生的短处和弱势智能领域，更重要的是确认学生的长处和优势智能领域，促进其优势智能领域最大限度发展，并把优势智能领域的特点迁移到弱势智能领域，使其弱势智能领域得到尽可能的弥补，以便形成强弱互补、协调发展。

2.有助于形成"多元化教学策略"的个性化教学观

我国教育教学中长期采取教师面对大班统一教学模式，忽视了学生的个体差异。大班统一教学往往会忽视个体差异，不利于满足学生的不同需求。课堂教学活动枯燥乏味、教师与学生无法互动、学生逃学现象频发、教师的教学形同虚设等问题普遍存在，尤其是在一些选修课中。

多元智能理论给我们带来的教学启示是个体同时拥有多种智能，但是这些智能在个体身上却以不同方式、不同程度地组合在一起，因而个体之间也就相应地存在一定的差异。

针对学生的个体差异，采取适合个体差异的教学手段，满足个别的学习需求，有利于每个学生得到充分的发展。在教学过程中，教师应根据不同学生智能的特点和表现形式，采取适合他们智能情况的教学方法和教学策略。加德纳提出的八种教育切入点和阿姆斯特朗多元智能理论在课堂教学中的应用指导，为教师根据学生的个体差异采用既有趣又有效的方法来进行教学提供了理论依据。这样，每一个学生都可以得到适合他们智能的教育，得到更加良好的发展。

3.有助于形成"多元化评价体系"的评价观

它是指选择适合学习者智能情况的评价内容，一改传统的一元化评价方式，从多角度、多维度、多主体对学生的学习过程而不仅是对学习内容进行评价，使评价真正成为促进学生充分发展的有效手段。对于音乐智能无优势的学生，最好不要要求他完成英语歌曲的演唱；对于身体-动觉智能弱的学生，最好不要要求他完成角色或课本剧表演。

教师不应只注重考试，不应给学生贴标签，应在轻松自然的氛围中进行评估，关注学生做了什么，完成了什么任务，并可提供有益的信息反馈促进学生的发展。

4.有助于形成"用多元智能来教"的教师观

"用多元智能来教"给教师们提出了新的要求，教师不再只是知识的传授者，而必须改变角色，既要充当教学的指导者、学生发展和成长的引导者、教学课程开发和教育教学研究的研究者，又要成为教学氛围的营造者和学生课堂活动参与和评价的观察者。教师必须重新定位，做好角色的转换，才能适应我国教育教学的改革发展。

教师应面向集体中的每一个个体，而不是面向一个抽象的整体；建立以感情为纽带的自然和谐的人际关系，而不是严肃的"教"和"被教"的规范关系；以最小的控制、最多的自由激励学生的自主性，而不是以权威的力量来提示学生；用一个有着更多选择余地的环境去适应学生，而不是让一个特定的环境去规范学生。

二、英语多元智能教学法的主要内容

21 世纪初，美国哈佛大学心理学家霍华德·加德纳的多元智能理论对我国传统的片面智力教育观产生了极大的冲击。多元智能理论正在成为我国教育改革的重要理论指导，在我国各类学校的英语教学实践、课程设计和评价中的应用与研究得到了极大的关注。孟万金和官群于 20 世纪末率先创立了英语多元智能教学法。该教学法提倡运用情景加工，调动多个感官，发掘每个学生的语言天赋，全方位开发全脑潜能，最大限度地发挥学生的最佳智能优势，从而大幅度提高学生的英语学习效率。随着高职教育的飞速发展，使用英语多元智能教学法优化高职英语教学已经成为高职英语教育工作者研究的一个新课题。

目前，我国高职英语教学中的"少、慢、差、费"问题日渐显现。如果引进加德纳的多元智能理论，结合我国高职英语教学实践，借鉴英语多元智能教学法的理念和技术，那么有助于使高职学生摆脱长久以来的学习焦虑、畏惧等情绪，提高学习效率，掌握必须具备的英语基础知识和听、说、读、写、译技能，形成一定的综合语言运用能力。假设，所有学生的大脑都拥有八个区域和八种智能，即语言、人际、空间、音乐等，每个学生的优势智能和智能结构不同，以优势智能将学生分成八类，每类学生重点发挥优势智能并将八种智能的其他七种智能要素集成表达在全部英语教学之中，将人脑的优势智能和全部智能潜能最大化地开发使用，理论上可以实现八倍以上的学习效率，实践上可以提高 1～8 倍的学习效率。根据孟万金、官群的观点，英语多元智能教学法的主要内容为：

（一）人际智能优势风格英语

教师除了发挥具有人际智能优势的学生的语言智能之外，还要把优势的人际智能的社会、组织、沟通、交流、活动、团队等人际元素穿插在英语学习之中，在激发学生学习兴趣的同时，使学生提高学习效率。

（二）空间智能优势风格英语

对具有空间智能优势的学生，教师除了发挥他的语言智能，还要将色彩、透视、线条、图形、油画、雕刻等元素穿插在英语学习之中。

（三）逻辑智能优势风格英语

对具有逻辑智能优势的学生，教师除了要发挥他的语言智能，还要重点挖掘其优势的逻辑智能，以构词、分解、联系、归纳、推理等方式辅助学生学习英语。

（四）内省智能优势风格英语

教师除了充分发挥具有这种智能优势学生的语言智能之外，还要把优势的内省智能的自尊、自省、同情、体验、思考等内省元素穿插在英语学习之中。

（五）语言智能优势风格英语

对具有语言智能优势的学生，教师除了发挥他的语言智能（词汇、演讲、倾听、阅读、写作、朗诵等）优势之外，还要把较高智能的构词、分解、联系、归纳、推理、相关等方式融入英语学习之中。

（六）自然智能优势风格英语

在英语学习中，教师充分发挥具有自然智能优势学生的语言智能，把优势的自然智能的动物、植物、山川、江河、天空等自然元素融入英语学习之中，在充满情趣的自然元素中激发学生的学习兴趣，以提高其学习效率。

（七）音乐智能优势风格英语

具有音乐智能优势的学生往往活泼开朗，对这一类学生最好的方法是"寓教于乐"。教师将开发音乐智能优势的音符、旋律、节奏、演奏、歌唱、编曲等音乐元素融入英语学习之中。

（八）运动智能优势风格英语

高职学生中很大一部分属于具有这种智能优势的学生，他们好动、不喜欢记忆。教师在教学中对这一类智能优势的学生，将运动智能优势的动觉、舞蹈、操作、表演、旅行、体育等运动元素融入英语学习之中。

每一个正常人都具有上述的八种智能，但由于遗传与环境因素的差异，每个人在各种智能的发展程度上有所不同，而且也会以不同的方法来糅合这八种智能。每个学生都拥有多元智能，这些智能既是教育的内容，也是沟通学生与现实世界的桥梁、渠道和手段。如果高职院校英语教育者将学生智能优势与英语教学有机结合，强调学生在学习过程中的愉悦体验，为学生提供真实的英语交际环境，将能极大地激发学生学习英语的兴趣，培养学生的英语语用能力。

三、英语多元智能教学法介入高职英语教学

高职英语教育要求面向全体、照顾差异，促进每个学生发展。多元智能理论肯定每一位学生都是有学习潜能的，将多元智能理念融入英语课程中、研制多元智能课程模式是多元智能理论在英语教学实践中最佳的切入点。英语多元智能教学法利用各种资源来启发或培育某种特定的智能，以多元途径来增强某教学单元的内容或学习效果。综合应用多元途径，加强智能的发展，强化学习的内容，将教学内容渗透到教学的全过程，从教学策略的选择、课堂的设计、课堂的活动与组织等，都始终贯穿培养和开发学生智能这一主线，从而使高职英语教学获得最大的收益。根据英语多元智能教学法的内涵，适合高职英语教学的主要方法包括以下几种。

（一）合作学习教学方法

合作学习是近年来很盛行的学习策略。这种教学法强调学生必须主动去发现、了解并建构自己的知识领域。具体做法是将学生分成若干组，组内成员涵盖不同程度的学生，而每一小组成员的特色和专长都受到老师和同学的肯定和鼓励。在活动中，每个成员都必须为自己的学习成果负责，同时也努力去帮助别人。合作学习教学方法强调利用人际智能的发展来帮助英语学习者，这种教学方法适合高职院校所有专业的英语教学。

（二）群体语言学习方法

群体语言学习方法通过人际智能来促进学习。学生在上课时围成一个个圆圈，圆圈中间放置本专业实物、模型，教师坐在圆圈外，当学生需要帮助时才给予帮助。课题由学生引发，内容是和专业相关的、学生最想学的题材，学生学习动机强，也有兴趣。应用这种方法，有助于消除或降低学生上课时的焦虑和紧张。学生彼此关系是互助的，而不是竞争的，整个学习环境也是轻松、愉快的。

（三）直接教学方法

直接教学主要是利用学生语言智能优势学习英语。该方法特别重视口语沟通能力的教学，用英语进行教学，教师大量使用图画、示范、表演等活动，特别注重听说、思考、创作等。这种教学法适合高职院校各专业。

（四）肢体反应教学方法

该教学法主张开口与动作结合，教师给学生很多机会做肢体运作。如上英语课时，学生用眼睛看老师做动作，用手触摸实物，用耳倾听，用嘴巴说出，甚至利用嗅觉、味觉。肢体反应教学方法的优点是上课内容可与现实生活相结合，上课气氛轻松、活泼。这种学习方法适合所有专业的英语教学，属于用空间智能和身体-动觉智能来学习英语。

（五）逻辑智能迁移法

该方法可用来强化阅读训练，加大语言的自然输入。数理能力强者擅长推理，思考问题时注重因果分析，善于提出假设，寻求结论。阅读训练的基本要求是学生能根据上下文线索推理，推测故事情节的发展，能根据情景和上下文猜测不熟悉的语言现象，在具体的语境中能利用词的形态和语义理据，猜测相应的词性和词义，能厘清句子基本结构和各语段之间的关系，整合文本的意义。

这种方法适合工科专业"产品说明书""质量证明书"、广告和文科各专业的英语阅读训练等。

（六）静默教学方法

采用该教学方法，要求学生具备独立、自制、责任感强等特性。在教学中，教师必须使用各种数学教具，不过多干预学生，也不必作太多示范，并且教师要有高度的耐心。笔者认为该教学方法是支持多元智能理论的，这种教学法希望学生能够运用想象力、思考力、观察力，善用知觉和联想，因此强调学习者思考过程的发展，有助于语言规则的内化。

（七）暗示感应教学方法

在教学中，老师可以运用音乐、艺术等素材，将教室布置成趣味性强的学习环境，让学习者放松心情，在愉快的气氛下，教师以具有节奏感的方式念出文字，让学习者毫无心理障碍，使学习潜能发挥到极致。暗示感应教学方法强调音乐在语言学习上的功效，认为声音能带动联想，希望运用音乐智能来加速语言认知。

第四章 基于英语交际能力培养的
教学新思路

第一节 基于微课的英语
交际能力培养

一、微课简介

（一）微课概念的提出

国内较早提出微课概念的是广东省佛山市教育局的胡铁生。他把微课定义为"按照新课程标准及教学实践要求，以教学视频为主要载体，反映教师在课堂教学过程中针对某个知识点或教学环节而开展教与学活动的各种教学资源的有机组合"。

当时微课的核心内容是教学片段的课堂实录。此外，还包括与该教学主题相关的教学设计、素材课件、教学反思、练习测试、学生反馈、教师点评等配套教学资源。实际上，它是一个以课堂教学视频实录的片段为核心的教学资源包。可见，胡铁生提出的微课概念与微课的本来含义是不同的。

（二）微课程教学法下的微课观

1.微课的定义

微课程教学法是站在课程的立场上来看待微课程与微课的。

微课程是云计算、移动互联环境下，有关单位课时教学活动的目标、任务、方法、资源、作业、互动、评价与反思等要素优化组合为一体的教学系统。课程设计、课程开发、课程实施、课程评价四大范畴能在微课程教学系统中得到落实，所以微课程首先表现为课程，而不是纯技术。

微课是教师录制的以微型教学视频的形式帮助学生完成自主学习任务单（以下简称任务单）给出的任务的配套学习资源，属于微课程资源的范畴。当它与特定的教学方式相联系时，就成为微课程教学法几大组成模块之一——配套学习资源模块。如果不把微课纳入微课程范畴，微课充其量就是一个配了音的课件。而教育信息化多年的发展历程表明，单纯的课件不可能对中国教育带来革命性的影响。

从微课程教学法对于微课的定义来看，我们要从以下几个方面对微课进行理解。

（1）微课是帮助学生自主学习的一种配套资源，但仅仅是微型教学视频形式的配套学习资源，不代表全部配套资源。

（2）微课在这里特指微型教学视频形式的配套学习资源，而不是传统的课堂教学实录片段，也不是纷繁复杂的资源包。

（3）微课的作用与目的，在于帮助学生完成任务单给出的学习任务。这是微课三条含义中最为重要的一条，其明确了微课与任务单之间的关系，也指出了微课在微课程教学法中的地位和作用。

2.将微课纳入微课程范畴的意义

微课程在结构上分为任务单、配套学习资源（含微课）和课堂教学方式创新三大模块。微课作为配套学习资源，与任务单相匹配，构成单位课时教学活动的课前学习资源。

在课前学习中，任务单是学生自主学习的支架。学生在家根据任务单给出的任务进行自主学习。在完成学习任务的过程中，学生很可能会碰到困难，这就需要教师提供帮助学生完成自主学习任务的配套资源。

微课显然在帮助学生克服困难、达成学习目标方面有着得天独厚的优势。它可以让每一个学生把"教师"带回家，使"教师"成为学生自主学习的伙伴。作为视频资源，微课支持学生在需要思考或者做学习笔记的时候暂停，在没有理解学习材料意义的时候重复播放，以便其厘清思路，一步一步地建构新的认知结构。因此，在大多数情况下，微课是众多配套资源中最有利于帮助学生完成学习任务的资源。

作为微课程资源，微课不是传统的辅助教师讲课的资源，而是供学生自主学习使用的资源。因此，微课不应当由教育机构开发好了再提供给教师、学生使用，而应当根据学生自主学习的达成目标以及由此派生出的学习任务、学习需求来开发，从而真正成为帮助学生完成自主学习任务的"脚手架"（支架）。微课的问世，标志着新资源观的产生，即变教师上课资源为学生学习资源。人类教育史从此开始了资源建设的新时代。

微课与任务单相配套可以使学生学习目标明确，从而显著提升其自主学习的质量。二者相辅相成，共同帮助学生完成学习任务，达成学习目标。

在开发微课的过程中，教师是学生自主学习的帮助者。虽然他们处于学习的"后台"，但若没有"后台"的精心设计、精心开发，就没有"前台"学生的高效自主学习。教师虽然失去了在学生面前讲课的机会，但是得到了在电脑屏幕面前以"一对一"的形式帮助学生提升个人能力水平的机会。这一机会使教师从讲授者向学生自主学习的引导者转变。

事实上，只有当微课被纳入微课程范畴，成为学生自主学习必不可少的资源时，才具有真实的意义。离开了任务单，微课就是海量资源库中的一个课件。微课不是因为任务单而降低了技术促进学习的作用，而是因为任务单才成为学生自主学习中不可或缺的、信息技术与课程深度融合的要素，成为广大教师争相尝试的新技术。

二、微课的特点

（一）微课的逻辑性

微课的逻辑性是指微课呈现出来的教师讲课思路与技术呈现思路的清晰程度。思维逻辑清晰是所有优质微课的共同特点。教师讲课思路决定着技术呈现思路。清晰的讲课思路，一般情况下不会造成技术呈现思路的混乱（教师对可视化教学一窍不通的情况除外）。混乱的讲课思路，一般情况下不太可能在技术呈现思路上清晰明了。有的教师不善于设计结构化的画面语言，反映的是这些教师在结构化思考方面的素养比较欠缺。

对于学生而言，要想进行深入学习，就要形成清晰、严谨的逻辑思维，这一条件也是教学受到学生欢迎的必备条件。微课提供给学生在家自主学习的教学资源，在可视化学习条件下，思维逻辑与技术呈现思路必须统一。如果思路不清晰，那么可视化手段与讲课内容就会互相干扰，不利于学生卓有成效地开展自主学习。

（二）微课的合理性

微课的合理性是指教师能在微课设计中表现出较好的解决教学重点、难点问题的技巧，这是教师工作的基本功。教师能够合理安排好微课的逻辑进展，坚持最近发展区理念，设计的任务有利于很好地突破教学重点，化解教学难点，并兼顾好一般知识点，就容易帮助学生达到"精熟学习"的程度。反之，如果微课各环节之间缺乏进阶联系，不能很好地结合教学方法和学习方法，就会给学生的自主学习带来困难。

（三）微课的趣味性

微课的趣味性指的是微课吸引学生学习的程度。微课程教学法是与翻转课堂教学方式相匹配的。学生学习知识的地点不是课堂，而是家里。因此，学生对于学习的管理完全是自主的。学生可以很投入地从事自主学习，也可以把任务单和微课弃置一旁。因此，教师在设计任务单和微课的时候，不仅要考虑如何设计微课，还要特别关注其趣味性，以激发学生的学习欲望，使学生的自主学习能够获得更好的效果。广义的趣味性还应该包括如何使讲课更加人性化，从而吸引学生学习等。

（四）微课的科学性

传统课堂和翻转课堂都关注学科的科学性，尤其是微课。微课作为翻转课堂的学习资源，包含了教师对学科内容的理解，其科学性必须得到保证，否则就容易给学生的学习造成困难，甚至误导学生。

微课的科学性，并不是说不允许教师出错。更为重要的是，当教师发现微课存在科学性问题的时候，要敢于面对错误，立即纠正错误，并采取其他补救措施，重新把学生引上正确的认识之路。

（五）微课视觉传达的有效性

以往的教学很少关注视觉传达的有效性。微课提供给学生在家自主学习的可视化学习资源，因此必须高度重视视觉传达在促进学生学习方面的作用。视觉传达的有效性主要表现在视听同步、动态呈现、善用图片和关键字等视觉传达艺术方面。

三、开发微课的流程

微课的开发大致有五个步骤：组织团队、任务分析、录制微课、质量检查、修改与上传。

（一）组织团队

微课开发对绝大多数教师来说是一个新的课题。因此，组织专业团队、集聚智慧、协作商讨是一个开发微课扬长避短、协同创新的好办法。

正因为微课开发是一个新课题，一线教师刚开始实践的时候需要学习与探索，在开发过程中需要投入大量的精力和时间，全部微课都由自己开发制作必然会碰到很多困难。这时，有一个学科团队协作商讨、分工开发，就能起到分解工作量、分享开发成果之效。这是一个快速积累微课资源的好办法。

（二）任务分析

微课进入教学，经历了从过去提供资源给教师上课使用，到今天教师需要给学生什么样的资源就开发什么样的资源的过程。微课的开发流程必须与它的使命保持一致，才有可能成为学生有效的自主学习支架，帮助学生完成学习任务。因此，开发微课要进行任务分析。

任务分析可以采取三步分析法，即分析任务、分析方法、分析录制方式。

1.分析任务

分析任务可以分为三个步骤。一是分析达成目标与教学目标的要求是否一致，即达成目标能否很好地体现教学目标，包括达成目标对教学重难点的要求。如果有不一致的地方，要先调整任务单中的达成目标，使之与教学目标一致。二是分析任务与达成目标的要求是否一致，如果有不一致的地方，要分析是什么地方出现了问题，然后对症下药，并对任务单中出问题的部分作出相应调整。三是分析学生完成任务之后，是否就能达成目标，如果不能达成目标，还要继续分析任务中存在着什么问题，在什么地方有疏漏，并且应在任务单中作出相应的调整。

2.分析方法

分析任务完成之后，下一步是分析方法，即分析微课用什么方法能够更好地帮助学生完成任务。录制方式根据分析结果选择。

3.分析录制方式

确定用什么方法能够更好地帮助学生完成任务之后，需要进一步考虑用什么样的录制方式才能最有效地帮助学生完成任务。这个过程也是决定选用何种微课类型，从而采取何种录制方式的过程。

（三）录制微课

这个步骤是整个微课开发流程的中间环节，前期的准备与接下来的修改、上传都与此相关。

（四）质量检查

微课录制完成之后的质量检查对于微课程教学法具有重要意义。

对初次录制完成的微课进行质量检查，有利于及时发现微课中存在的问题。如果微课存在问题，可以修改后重新录制，保证学生看到的教学视频是教师本人讲课的最高水平。在检查微课质量的过程中，教师可以发现自己以往在教学中很难发现的问题，并予以改正。

对于在讲课中出现的失误，有经验的教师会想办法再绕回到正题上来。但是微课程教学法不赞成在微课录制中这样做。其原因在于，当教师在课堂上发现问题后想办法绕回来的时候，学生会发现教师的失误并观察教师回到正题的全过程，认知水平较高的学生会跟着教师的思路回到正确的认识上来，但是那些认知水平不高的学生会被教师的思路迷惑，会跟着教师错误的思路进行下去，而教师往往会对他们不满，并不能意识到问题的出现是自己的失误造成的。

这对学生来说是很不公平的，对于教师提高教学质量也是非常不利的。

因此，微课程教学法认为，教师在录制微课时如果发现失误（包括讲错、口头禅过多、超过 2 秒钟的停顿、画面出现干扰可视化学习的因素等），应当立即停止录制，待完成重讲的准备之后，再重新录制。这样即使耗费时间，也是值得的，因为一遍又一遍地重讲，会使这个不到 10 分钟的课程有一个更高的质量。这种情况叫作"微课最优化属性"。

此外，解决完问题之后的微课，往往在时长上缩短了。研究表明，大多数微课在 8 分钟之内就足以囊括单位课时的教学内容，且因为时长在视觉驻留规律容许的范围内，所以不会影响学生的学习质量。学生因微课最优化和短小精悍属性而受益，这有效地提高了单位课时内教学活动的质量。

（五）修改与上传

教师检查微课质量之后，如不需要修改，可以直接与任务单一起打包上传至教育云服务平台。如需修改，则启动修改，待完毕后继续检查，待检查合格，再与任务单一起打包上传至相关教育云服务平台。至此，一个微课的开发流程就结束了。

四、微课在培养英语交际能力中的价值

（一）更加符合不同基础学生的英语口语学习需求

高职学生英语口语能力不同，有些高职学生乐于读英语，喜欢用英语交流，这些学生自信心比较强、口语能力比较好；但是大多数高职学生不喜欢读英语，平时背单词也是采用死记硬背的方式，说英语的时间少，英语口语能力较弱。因此，多数高职学生存在英语口语发音不准确的问题，而且有些高职英语教师的英语口语能力也不是很强，不利于学生的英语口语学习。

微课有多种多样的内容，能够满足不同学习基础学生的需求。教师要在引导学生借助微课进一步提升自己的能力的同时，解决自己在英语口语水平上存在的问题。

（二）突破时间、地点的限制，更加便捷

高职学生存在英语口语基础能力较差的问题，但是英语口语非常重要，它能够联动英语阅读、英语写作、英语听力等多个方面，同时在一定程度上提升学生的英语综合水平。

微课很好地解决了学生没有时间参与口语补习班或者是因为地理原因的限制无法听取优秀教师讲解的问题。学生通过互联网可以搜索到教学侧重点不同的教学视频进行学习，而且教师也可以将微课加入日常的英语口语课堂、日常英语早读、日常英语口语作业中。教师可以采用打卡、竞赛、考试的方式对学生的学习情况进行检查。

（三）可以多次进行口语学习

教师的口语教学针对的是大多数学生，只能考虑大部分学生的口语学习情况。而且英语口语课堂内容学生只能听一次，课堂难以达到教师想要的效果，导致学生知识点掌握程度不同，实际收获也存在差异。采用微课的方式，学生可以根据自己的实际情况学习：如果学习效果好，则听一次就好；如果学习效果不好，则多听几遍。在学习过程中，遇到没有听清、没有听懂的知识点，学生可以调整进度条，针对存在疑问的知识点反复地学习。

除此之外，学生可以根据自己的需要调整视频倍速：第一遍学习时可以用 0.5 倍速，不错过任何一个知识点和教师的讲解内容；第二遍可以用正常速度，加深记忆并巩固所学知识点，再一次整体地学习一遍相关知识；第三遍可以用 1.25 倍速，将一些已经熟记和熟练运用的知识点略过，重点听还不太熟悉的知识点。

通过倍速的方式不仅能够多次进行学习，而且能够提高学习效率，使学生的学习更加具有针对性。总之，微课更加便捷，适合大多数学生的学习，能够解决学生因为上课没有及时理解教师讲解的内容而对口语学习失去兴趣的问题。

（四）帮助学生养成自主学习的习惯

微课很多时候都需要学生自己去选择，自己安排学习时间，这样学生对自己的学习情况就会有正确的认识，对自己接下来英语口语的学习有一个比较完整的学习目标和学习计划，可以找到适合自己的微课进行学习，并且与日常学习能够达到平衡的状态。

一些高职学生还没有养成良好的学习习惯，没有找到适合自己的英语口语学习方法，对英语口语的重要地位未形成正确的认识。学生要在微课学习中寻找适合自己的学习方法，因为每个人的学习方法都存在差异，适合别人的不一定适合自己，所以在摸索中找到最适合自己的英语口语学习方法很重要。

五、微课在英语交际能力培养方面的应用策略

（一）借助微课给学生提供英语口语交流的环境

很多学生英语口语差，不敢张口说英语，英语交流磕磕绊绊，就是因为在日常学习和生活中英语交流的氛围不浓或英语交流时间较少。高职学生很少有机会真正与外国人用英语进行交流，很少使用英语进行日常交流。环境对学生学习的影响越来越大，就如同家长总是想让学生进入更好的学校进行学习，因为好的学校学习氛围比较好，学生之间可以相互学习、相互激励，对学生的学习环境关注度比较高。因此，英语口语学习需要拥有良好的学习氛围，学校要为学生创设可以进行英语交流的场景，以使学生加强英语沟通。

以"Happy New Year"这一课程主题为例，这是一个非常适合学生展开交流的主题，教师可以通过互联网向学生展示西方在新年都有哪些习惯，会置办哪些东西，家长和孩子们在新年都会做些什么、吃些什么以及新年都会有哪些祝福的语言，比如"May happiness follow you wherever you go.""Happy New Year to you."等。教师播放一些关于新年的音乐，营造良好的气氛，学生可以随意地走动，与他人交流，分享新年的喜悦以及对他人的祝福和对未来一年的展望。教师可以让学生把简单句变成长难句、复合句，既能够提高学生的口语表达能力，又能够提高学生的词汇量和阅读理解能力，进而提高学生的英语综合素质。当学生的兴趣下降的时候，教师就可以借助微课播放一些视频，给予学生一些缓冲休息的时间，减轻学生的压力。

（二）开展活动和竞赛，提高学生学习的积极性

课堂时间是有限的，微课不可能占用大量的课堂时间，因此主要采用线上与线下相结合的形式，以线下为主。学生是有惰性的，如果没有一些比赛、活动去督促学生进行线上英语口语学习，学习效果可想而知。活动和竞赛能够加强学生线上英语口语学习的效果，活动可以是以分享为主，分享一些自己在英语口语中学习到的知识和总结的经验，可以通过演讲的方式或者是演绎情景剧的方式进行英语口语技巧和流利程度的比赛。

教师可以将比赛与分享相结合，从教材中选取一个主题，比如"Family and Friends"，这个主题的方向和内容比较多，而且不管学生英语口语能力如何都可以说上一两句，这样可以提高学生的参与感。比赛可以分成初赛和决赛，初赛的时候每个学生都根据 family 和 friend 这两个关键词发表自己的观点，教师和其他学生给予公平、公正的评分，杜绝教师一人决定的情况，尽可能综合每个学生的意见。初赛之后选出十名学生进入决赛，并给这十名学生一个星期的时间做准备，他们可以与其他没有进入决赛的同学合作，通过微课的学习完善自己的演讲。决赛后教师与学生可以开展一个分享会，分享会主要以获奖学生

的分享为主，教师最后根据学生的分享进行总结发言。比赛和活动的形式能够激发学生的积极性，通过为表现好的学生颁发奖品和奖励可以不断刺激学生的学习主动性。

（三）课上微课与课下微课相结合

教师相较于学生而言，对微课的选择更加合理、更加科学，但是教学进度、教学压力导致教师很难在课上与学生一起进行微课的学习。

以"Shopping"这一课程主题的教学为例，教师可以让学生借助微课进行简单的预习，微课可以是电影中关于 shopping 的片段，也可以是与"购物"这个词相关的一些句子联想和词汇联想，学生可以跟读电影片段中的句子，也可以对相关词汇的正确读音进行系统学习，熟读重难点句子。课上微课与课下微课相结合的方式，既能够减轻教师在课堂上的压力，又能够很好地培养学生自主学习的能力，达到提高学生口语能力的目的。

第二节　基于微信的英语
交际能力培养

一、微信简介

（一）微信的发展

微信是由腾讯公司于 2011 年 1 月 21 日推出的一款社交软件。微信除了拥有基本的跨平台通信功能，还拥有"摇一摇""朋友圈"等服务插件。基于国内庞大的智能手机用户，微信自推出后迅速流行开来。微信已成为最具前景的网络信息载体之一，在新闻传播学、图书情报学、社会学、计算机科学、教育学等学科领域备受关注。

（二）微信的特点

1.适用平台广泛，使用成本低廉

人们可以通过各类应用商店直接下载安装微信。该软件使用数据流量业务进行通信传输，相比传统的短信等受到移动运营商的限制更小。而且与短信、彩信等相比，微信节省了大量的通信费用。同时它传播距离广，无论我们身处何地，只要能够连接网络就可以利用微信即时发送与接收各类消息。因此，微信逐渐成为学生进行交流沟通的首选方式。

2.交流方式鲜活、立体，便于保存

传统短信呈现在交流双方面前的只是文字，微信却可以发送多种形式的消息，既可以是带表情的文字消息，也可以是语音消息，甚至可以是一段小视频。在网络条件允许的情况下，学生还可以进行实时的语音对讲以及视频通话。

微信将冰冷的文字转化为表情、语音和视频，使沟通更加鲜活、立体，有声有色。语音消息同传统的电话交流相比，更便于保存，也避免了紧要时刻突然来电话的不便。并且，微信消息保存在服务器上，学生可以利用闲暇时间慢慢查阅。

3.交流具有便捷性、即时性

学生使用微信进行交流只需要一部联网的手机即可实现。在初次使用时，微信会搜索手机通讯录中已经注册的好友，并提示添加他们为微信好友。这样只要知道对方的手机号，就可以便捷地同对方进行微信交流。同时，微信的交流具有即时性，微信会及时提醒使用者有新收到的消息。这种灵活便捷的交流方式，使学生更乐于使用微信同其他人交流。

4.推送信息更具有效性和时效性

微信公众平台拥有自己的目标订阅用户，在信息投放上更具精准性。学生每天早上可在微信公众平台签到，平台亦可每天向用户推送励志类信息以及各类通知或公告。这节省了用户自行上网查找信息的时间，提高了信息传递效率。由于人群特定，微信公众平台可以将"正确的信息"发送给"正确的人"，这使信息投递更加精准。

二、微信在提高英语交际能力中的优势

（一）以学生为中心，提高学生的主观能动性

微信可以有效地提高学生学习英语的积极性。图片、语音和微视频等众多功能可以很好地弥补传统课堂教学方式枯燥等的不足，极大地丰富了英语课堂教学的形式。此外，微信的语音模式能帮助学生开口讲英语，有利于缓解学生面对面进行口语交流的心理压力。

微信的多功能交流模式能够很好地应用于英语教学，同时微信为学生创造了一个真实的英语交流平台，能够促进学生英语口语和听力能力的提高。一些平时害羞的学生通过这个平台，也能积极参与英语教学活动，这极大地增强了他们的自主性、积极性和创造性。

（二）提高英语课堂内容的延展性，提升教学效果

随着智能手机的广泛使用，微信提高了人与人之间沟通的便捷性。这主要体现在以下两个方面：学生可以通过微信平台分享各自的英语学习方法；微信上面的群聊功能为班级群聊创造了好的平台，学生可以在班级群中相互交流，分享学习心得。

除此之外，微信沟通具有不限时间、空间的功能特征，解决了英语教学课

堂授课受约束的问题，让课下变成了学生的第二课堂，方便学生的学习交流。微信让学生在课本上学到的英语知识在交流中得以实践，提高了学生的英语沟通能力和英语应用能力。

（三）满足学生个性化、差异化的学习需求

学生的英语水平参差不齐，而英语课程是必修课程，课程内容多，课堂教学时间又受到限制。英语教师可以通过微信来分享英语相关教学资源，学生可以按照自身的英语基础和学习能力进行自主学习，这种学习不受时间和地点的约束。

此外，学生还可利用微信的微视频功能、语音功能和群聊功能在课下和同学或教师进行学习交流和知识分享，从而解决自己在课下英语学习过程中遇到的问题。这些功能有利于解决传统课堂教学模式中学生英语基础参差不齐、学习目标差异化等相关问题。

三、微信在英语交际能力培养方面的应用策略

（一）以学生为中心开展互动式教学

微信在英语教学中的广泛应用，能够使师生之间创建多媒体信息教学平台。教师可利用微信发布教学信息，包括预习内容、课后作业等，学生可使用微信进行查收，并在规定的时间内完成相关的学习任务，这样可提高学生的英语阅读能力和语法知识分析能力。教师还可以使用微信对学生提交的英语作业进行指导和批改，对其中的错误进行订正，这样可提高学生的英语综合能力并增强学生学习英语的兴趣。这种多媒体信息平台不仅能够增强学生学习英语的兴趣和自主性，还能提高他们在听、说、读、写、译等方面的能力。

另外，微信能创建一个宽松自由的英语学习平台。学生在这样的平台上学

习英语，他们的创新思维会得到提升。这就逐步创建了以学生自主学习为重点的交互式英语学习模式。微信不但有助于英语教学的顺利开展，还为学生的听、说、读、写、译等能力的培养提供了良好的平台。

（二）加强师生沟通

当前，英语课堂教学中存在教师和学生沟通不足的现象。微信创建了一个可以实现师生之间及时沟通的互动式平台。教师和学生在这个平台上可以及时进行沟通。教师可以在这个平台上检查学生自主学习的进度，学生可以通过该平台进行与英语相关的能力训练，并和教师在平台上沟通互动。这既有助于解决教师和学生之间沟通不足的问题，又能增强学生自主学习的积极性。

微信在英语课堂中的应用，为教师创建了一个深入了解学生的有效平台。教师通过这个沟通平台，可以及时与学生进行沟通，解决学生在学习思想方面的问题，了解学生对课程内容实施的意见，为课程内容的改革提供参考依据。

（三）语言输入与输出相结合的模式

微信支持文字、图片、视频、语音等形式，其更新快、回复快、零资费、跨平台等特点让教师和学生在使用时得心应手。教师通过微信平台发布一个较难的知识点或是学生感兴趣的视频、时事热点等，让本班学生用英语进行讨论，这容易引发学生的共鸣，形成良好的互动，从而能够锻炼学生的听说能力。教师通过微信在此过程中参与指导、监督、讨论。这种教学方式强化了学生学习的内容，便于学生掌握学习重点和难点，引导学生在关注社会话题的同时掌握最新的英语词汇，能进一步提高学生的阅读和写作能力。

在一定程度上说，这种利用微信平台辅助英语教学的模式就是一种将输入与输出进行有机结合的教学模式，它是英语教学中一种有效的教学模式。

（四）利用私信解决学生的学习问题

学生在学习过程中遇到问题时可以不受时间、空间的限制，直接通过微信私信教师，使问题得到快速解决，提高自己的学习效率与质量。

第三节 基于慕课的英语
交际能力培养

一、慕课简介

（一）慕课的定义

慕课不同于传统的采用电视广播、互联网、辅导专线等形式的教育，也不完全等同于近年来兴起的网络教学视频公开课，更不同于基于网络的学习软件或在线应用。在慕课模式下，高校的课程和课堂教学、学生的学习进程和学习体验、师生的互动过程等都可以通过在线的方式得到充分体现。

慕课作为最近涌现出来的一种在线课程开发模式，源自过去那种发布资源、学习管理系统以及将学习管理系统与更多的开放网络资源综合起来的课程开发模式。通俗地说，慕课是大规模的网络开放课程，它是为了加强知识传播而由具有分享和协作精神的个人或组织发布的、散布于互联网上的开放课程。

（二）教学形式

1.课程范围

慕课是以联通主义理论和网络化学习的开放教育学为基础的，这些课程同传统的高校课程一样，能够循序渐进地帮助学生从初学者成长为高级人才。慕课课程不仅包括广泛的科技学科，如数学、统计学、计算机科学和工程学，还包括社会科学和人文学科。最初，慕课课程并不提供学分，参与慕课的学习是免费的。然而，随着慕课在全球大规模地发展，许多学习者也试图通过慕课获得某种认证，于是一些慕课平台开始收取一定的费用。

2.授课形式

慕课的形式不是信息搜集，而是将分布于世界各地的授课者和学习者通过某一个共同的话题或主题联系起来。这些课程通常对学习者没有特别的要求，所有的课程会以每周话题研讨的形式，给学习者提供一个大体的时间表，其课程结构也并不复杂，通常包括每周一次的知识讲授、问题研讨以及阅读交流等。

3.测验

每门课程每隔一段时间都会组织一次小测验，有的课程还会组织期中考试和期末考试。考试通常由学生评分。

二、慕课的特征

慕课的特征分为内涵特征和基本特征两部分。内涵特征是由慕课的定义决定的，基本特征是由慕课设计与应用情况决定的。

（一）慕课的内涵特征

慕课的内涵特征包括大规模、开放性、在线实时性。具体表现如下：

1.大规模

美国的慕课教学实践证明，注册学习慕课的学习者达到上万人，有些课程多达十几万人甚至更多。慕课网站中提供给学习者学习的课程多种多样，不仅包括基础学科的课程（如数学、物理、化学、医学、哲学），也包括大量的专业课程（如电子信息、机械工程、自动化工程、天文）。不同的慕课网站有其课程侧重点，为有不同学习目的的人提供学习服务。

2.开放性

开放性包括学习资源的开放和对学习者开放两个方面。慕课学习者不受地域、院校、国别等限制，来自世界各地的学习者按照规定进行注册后，都可以广泛使用各种慕课资源，并通过规定形式、内容的测评获取结业证书。

3.在线实时性

通常情况下，慕课网站全天候开放，学习者可随时、随地通过网络终端进行学习，网站实时记录学习者的学习轨迹，学习者还可以进行互动、答疑、提交作业和学习效果测评等学习活动。

（二）慕课的基本特征

慕课的基本特征主要有非结构性和自主性两个方面，具体表现如下：

1.非结构性

有学者认为，在美国开始开发慕课的过程中，多数慕课提供的是碎片化的知识点，是一组可扩充的、形式多样的内容集合。这些集合的内容能够被"再度组合"，所有的学习资料都是通过慕课使彼此关联。

2.自主性

国内外开设的慕课，其自主性内涵存在一定的差异性。在美国开展的慕课教学，其自主性主要体现为以下几点：

（1）慕课没有明确的学习预期和学习目标，由学习者自主确定。

（2）何时学习、学习进度、学习内容和投入多少精力等，由学习者自主决定。

（3）慕课通常没有正式的课程考核，学习者根据进阶测评系统进行自我评价。

在我国引进、建设慕课的过程中，慕课的自主性相对变异，主要体现为以下几点：

（1）慕课有了明确的教学目标和学习目标，促使学习者实现学习目标。

（2）在学习计划、进度范围内，学习者可自主安排学习进度、时间、内容等。

（3）结合课程的进阶测评，学习者需要进行学习过程考核、学习结课考核等。

三、慕课与传统教学模式的比较

（一）教学理论不同

传统的教学模式是根据约翰·阿莫斯·夸美纽斯（Johann Amos Comenius）的教育理论设计并提出的，一段时间后，教育家约翰·弗里德里希·赫尔巴特（Johann Friedrich Herbart）对该教育理论进行了总结并加以完善。教育学家伊凡·安得烈维奇·凯洛夫（Ivan Andreevich Kairov）发展了前两位的理论成果，将其传入我国，奠定了我国传统教学模式的基础。传统教学模式过于强调教师在教学中的地位，而忽视了学生作为受教育的主体的地位。

慕课以选择性学习理论为基础。所谓选择性学习，是指在教师的指导下，学生根据自己的才能选择适合自身发展要求的学习内容、方法和进度等的一种自觉自主的学习方式。这样的学习方式既可以让学生学习到大量的知识，又可以最大限度地发挥学生的主观能动性，这与当下我们提倡的教育理念相吻合。

慕课的另一个理论基础是掌握学习理论。教育家本杰明·布鲁姆（Benjamin

S. Bloom）对教学活动进行了大量的研究和实验后发现，如果学生拥有充足的学习实践和符合客观规则的学习条件，那么很大一部分学生都可以理解教师所讲授的知识与技能并加以运用。布鲁姆在进行研究时还在其中加入了部分心理学的理论。他发现，学生学习时的情感变化也会影响学生的学习成绩，所以掌握学习理论要求学生在学习时拥有一定的积极性并对其所学的知识产生兴趣，淡化终结性评价对学生产生的影响，强调形成性评价在学生成长过程中发挥的重要作用。掌握学习理论还把集体教学和个别教学结合在一起，对学生进行统一教育，对个别学生进行差异化教育，利用因材施教的教学方法，使得每个学生都可以真正掌握学习的知识。

（二）教学目标不同

近年来，我国对教育进行了一系列的改革。改革的主要内容就是在全国推行素质教育，其目的是使素质教育与我国现在施行的"三位一体"的教学目标相适应。"三位一体"的教学目标包含了对学生在知识与技能、过程与方法、情感态度与价值观方面的基本要求。但是，我国的教育改革也存在着不少问题。首先，教师依旧非常注重学生的成绩，要求学生对知识点死记硬背和机械应用，这样不利于学生创新能力的培养和主观能动性的发挥。其次，传统教学中班级人数多，教师不可能照顾到每个学生，往往会忽略班级里学习困难的学生。

慕课更加注重对每个学生创新性和主观能动性的培养和发展，其教学的最终目的是促进每个学生而不是极少数优秀学生的发展和进步。基于这样的目标和理念，慕课的课程都以视频的方式呈现，以此对学生实施教学。慕课采取这样的授课方式，可以全方位、多角度、多层次地对学生进行授课，不同程度、不同层次的学生都可以根据自身的需求进行学习。所以，慕课的教学对象就是所有学生。

（三）教学程序不同

在传统教学模式的教学程序中，首先由教师组织教学活动，这是进行教学活动的第一步。这个步骤的关键就是让学生可以快速了解课程中的重点内容，使学生发挥主观能动性，去理解和掌握所授课程中的知识。其次，学生要做到积极复习。学生要复习以往学到的知识，为即将接触的新知识打下坚实的基础，了解其中的区别与联系。再次，教师继续新课程的教学活动。这是传统教学模式中最重要的环节，这个环节需要教师全方位地为学生展示新的课程知识，并采取多种多样的教学方式以使学生可以理解、掌握知识。最后是应用问题，传统课堂中必不可少的环节——作业，就是学生对所学知识的具体应用。

慕课的教学程序与传统的教学程序略有不同。慕课有十分科学的教学活动与要求。在慕课开始前，授课教师就会在相关网站上公布课程的安排与要求等相关信息，并通过这样的方式让学生安排好时间，做好学习计划。慕课是使用网络进行授课的，其教学内容是教师精挑细选的。视频课程的时间一般在10分钟左右，这样可以使学生保持高度的注意力。教师在慕课的授课过程中会设置一些问题，学生正确回答这些问题后才可以继续学习，如回答错误，慕课会重复播放，直至学生充分掌握这些知识。此外，慕课会给学生留一些开放性的题目，最大限度地保证学生学以致用。另外，教师会与参加课程学习的学生一起对作业进行批改，作业互评既节省了教师的时间，又加深了学生对知识的印象，可谓一举两得。

（四）评价方式不同

当今时代有着各种各样的教学评价方法和模式。在我国使用最多的还是操作性较强的布鲁姆评价方式，即诊断性评价、形成性评价和终结性评价。简单来说，就是通过不同时段的测试（初期、中期、末期）来对学生所学知识进行考查并评价学生的掌握情况。

慕课采用的是新型的评价方式——同伴互评，这种评价方式既可以增进学生之间的感情，使学生能够更好地交流，也可对学生所学知识进行检验。在同伴互评的过程中，学生的智慧相互碰撞，这样更容易引起学生的思考，让学生在纠错中逐步培养自身的批判性思维。

四、慕课教学给高职英语口语教学带来的影响

（一）慕课教学的实施打破了传统的授课模式

因专业的不同，高职英语在口语教学上不可能满足所有学生的要求，所以传统的授课模式主要就是针对学生的英语听力与综合英语学习能力，慕课教学的引入，对于学生的学习具有一定的帮助。

（二）慕课教学的实施对于教师来说是极大的挑战

传统教学授课模式完全依赖于教材，教师可以利用多媒体辅助授课，对于教师而言，具有一般专业素养与较高专业知识就可以。但是，慕课模式下不仅需要教师有较高的专业素养和较高的专业知识授课能力，还要求教师具有一定的信息技术运用能力。所以，慕课模式下的教学需要教师掌握和应用更高水准的教学技术，能够全方位地展现高职英语口语教学能力，通过慕课教学为学生们提供服务。

（三）慕课教学的实施需要更多的教育资源

构建英语在线开放慕课学习平台，也就是让学生随时随地都可以进行学习，为学生提供更多的教育资源，帮助学生更好地进行专业学习，提高英语的学习质量，让学生通过慕课认识到学习的多样性与灵活性，找到适合自己的学习方法，从而获得更多的英语学习成果，在真正意义上实现教学目标。

五、慕课在英语交际能力培养方面的应用策略

首先，通过慕课对英语口语进行专项学习，可以规范学习板块，让学生全面学习英语口语，进行多方位交流。例如，慕课教学将口语学习视频分为多个板块，包括专业英语学习板块、基本日常用语板块、询问咨询口语学习板块等，以满足不同学生对口语学习的要求。对于专业板块继续进行分类，如英语口语专业训练板块、计算机专业英语口语训练板块、企业管理英语口语训练板块等，以满足不同专业学生的需要，提高其英语口语的学习质量与学习效率。这也是慕课在英语口语教学中的灵活应用，能够确保最大限度地帮助不同专业的学生进行英语口语学习。

其次，在高职英语口语教学中，慕课将教学资源进行多元化分享。对于英语口语的学习主要表现在交流上，所以视频学习课件非常重要。慕课在英语口语教学中，以视频教学为主，图片文字叙述为辅。慕课的英语口语教学视频多以外国人叙述为主，这也是为了让学生能身临其境地进行英语口语学习。通过学习教学视频中外国人的发音与神态，改正我国口语教学中出现的问题以及弥补教学中的不足，以达到英语口语学习的最佳效果，提高高职学生英语口语学习的质量。

再次，慕课教学针对学生英语口语学习进行仿真对话教学。例如，在慕课教学视频中，专业的英语教师或者国外的交流者进行英语口语对话，由教师进行提问，给学生留出一定的思考时间，让学生充分感受英语口语训练的仿真模式，强化英语口语的学习。

最后，慕课教学为学生提供最大化的口语学习资源，让学生充分利用教学资源来锻炼英语口语。例如，在慕课教学的背景下，资源以共享的方式进入慕课平台，学生只需登录就可以进行口语学习，共享的平台资源呈现多元化，并播放最新的教学内容，从而提高学生的口语学习能力。慕课平台以多元化资源开阔学生的眼界，丰富学生的生活，全方位地为学生提供服务。

总而言之，慕课教学已经被广泛应用于各大高职院校，并得到了教师与学生的认可。慕课教学不仅能将学生的英语口语学习带到一个更高的层次，而且对于提升学生的英语素养有一定的帮助。

第五章　高职英语教学改革

第一节　高职英语教学改革的
理念与策略

一、高职英语教学改革的理念

（一）教学改革要"以人为本"

美国心理学家罗杰斯曾提出，教学要以人为出发点和归宿，教学的目标在于培养能够适应变化和知道如何学习的、有独特的人格特征而且有充分发展愿望的人，强调学生个性与创造性的发展。他提出了以学生为中心的教学模式和以教会学生学习为主的教学方法论。在这种教学方法论的指导下，教师需要将教育教学过程、未来社会对学生的整体素质结构的要求、学生的个性特征进行有机整合，使学生形成合理的素质结构，从而既能帮助学生更好地适应未来社会在整体素质结构上对人的要求，又能满足学生个性发展的需要。

"以人为本"就是坚持人的自然属性、社会属性的辩证统一。在教学中坚持"以人为本"，就是把培养社会所要求的、具有全面素质的人放在一切教育活动的中心。教育的核心是人的本性的发展，是以人为对象的活动。未来教育的显著特征之一就是发展学生的主体性、主动性，促进学生素质的全面提高。

高职英语是一门综合教育课程，旨在打好学生的语言基础，培养学生用英语交际的能力，满足社会对新型人才的需求。

"以人为本"的英语教学改革的重点就是改变学生的学习方式。在教学活动中，应以学生为中心，让学生全面参与、积极思考、自主学习，培养学生的自我意识、竞争意识和创新意识。

（二）加强人文通识教育

我国的高职教育在飞速发展过程中出现了一些亟须解决的问题，比如学生人文精神的缺失就是较为突出的问题之一。教育工作者应尽自己所能为改变这一现状而努力。人文通识教育是通识教育的重要组成部分，而英语教学又是对学生进行人文通识教育的重要途径。高职英语课程已不只是单纯的语言技能课程，而是对学生进行人文通识教育的有效载体。

以英语课程为切入点对学生进行人文通识教育，并以课堂这一教学主阵地为依托，将良好的道德品质教育融入课程教学之中，合理调整课程的教学内容，在教学过程中融合各种教学方法，积极利用各种新的现代化教学工具，对人才培养目标进行重新定位，提出以实施通识教育为基本理念、以培养学生的人文精神为教育目标的课程框架十分有必要。

（三）突出"能力本位"

高职英语教学改革要改变传统的教学方法，提高教学质量，就需要突出"能力本位"理念，使高职英语教学从单纯的传授知识转变为培养学生的综合应用能力。为此，必须在教学内容、考核体系和方法等方面进行全面变革。"能力本位"的价值取向，与"双证制"或"多证制"的要求在本质上是一致的，并直接影响到学生将来的就业。高职英语教学过程中突出"能力本位"，以培养学生实际运用语言的能力为目的，在强化教学的实用性和针对性的过程中，增强适应职业岗位的职业能力，满足学生就业和社会用人的双向需求，这是高职英语今后教学改革的主要任务和努力方向。

（四）坚持"工学结合"

高职英语教学应坚持"工学结合"理念，在课程体系构建、资源库建设、考核方式选择等方面与以就业为导向的"工学结合"人才培养方式相辅相成。《国务院关于大力发展职业教育的决定》中明确提出，要大力推行工学结合、校企合作的培养模式，职业教育要与企业紧密联系，加强学生的生产实习和社会实践，改革以学校和课堂为中心的传统人才培养模式。

高职英语课程体系改革的基本方向应该是将公共英语教学内容与行业英语教学内容结合起来，使常规的公共英语教学既能满足一般的英语应用能力培养，又能兼顾各专业和行业不同的实际需要，实现公共英语教学内容与专业需求的有机结合。基础英语的教学设计既应考虑满足学生一般英语基础的巩固和提高，兼顾听、说、读、写、译，又要将英语基础知识与学生所从事专业和所涉及行业知识整合到英语课程设计之中，体现高职英语的职业性和应用性，符合以就业为导向的高职教育办学方向。

（五）服务于学生终身发展

高职英语在强调"实用为主，够用为度"的同时，还要兼顾学生的综合素质培养和可持续发展。社会经济发展迅速，经济结构变化对人才素质的要求在变化，对英语能力的要求也在变化。高职院校英语教学改革应充分考虑这一点，构建英语学习资源库，培养学生自主能力，为学生营造英语学习氛围，为他们的终身学习和可持续发展提供条件。

终身学习是终身教育和社会化学习相结合的产物，是 21 世纪最重要的学习理念之一。《高职高专教育英语课程教学基本要求》提出，高职英语教学改革是向以培养学生终身学习能力为导向的终身教育的转变。高职英语教学应在培养学生自主学习能力的同时，充分重视学生协作学习能力和创新学习能力的培养。高职英语教学改革不仅注重学生语言实际应用能力和自主学习能力的培养，更关注学生终身学习能力的培养。

（六）融入职业教育理念

姜大源在总结世界职业教育近三十年的发展历程后认为，工作过程是职业教育课程实践与理论整合的依据，职业教育的课程应该从工作岗位、工作任务出发。马树超也指出，中国特色的高职教育必须融入产业、行业、企业、职业和实践要素。因此，无论从学术角度还是从行政角度来看，职业性都代表着高职教育改革的方向。作为职业教育重要基础课程的公共英语，必须摆脱本科公共英语学科知识结构的影响，顺应基于职业教育理念的高职公共英语教学改革的潮流。

高职英语教学应从教学目标、课程设置、教学模式、教学评估、教学管理、教学环境、教学材料和改革效果等方面开展基于职业教育理念的高职英语教学改革。近几年为反映社会发展对英语的新要求，适应我国高职教育发展的新形势，已经有很多高职院校陆续开展了自下而上的英语教学改革，在继承英语学科教学理论的同时，逐渐融入职业教育的理念，并取得了明显的改革效果。

二、高职英语教学改革的策略

（一）转变教学观念，强化改革意识

高职教育改革的方向之一就是由应试教育向素质教育转变。目前高职教育的主要目标和任务应该是让受教育者学会生活、学会学习、学会工作、学会创造，因为这是未来人所应具有的最基本、最重要的品质。学校要充分认识到教学改革的重要性和必要性，积极支持教师进行教学改革，加大校本研

训力度，重视教师的继续教育工作，想方设法为教师进行教学改革创造有利条件。

教学改革的关键在教师。新型的教学活动不再是教师单纯地向学生灌输知识、学生被动学习的过程，而是师生之间交往沟通的互动过程。教师与学生的关系应该是民主平等的和谐互动关系，教师要与学生平等对话、真诚交往，共同探求知识，交流心得体会，提高学生自主学习的意识。教师应该把传统教学与新课改有机地结合起来，要给学生足够的思考空间，鼓励学生自主探究、合作学习。

（二）加强校本培训，提高教师素养

良好的师资队伍是高质量教学效果的保证。高职英语教师队伍建设可从以下四个方面着手：

第一，英语教师应结合所教的专业主动拓展自己的背景知识，了解该专业工作场所对英语的需求。

第二，学校应鼓励英语教师到行业、企业走访、学习和兼职，了解工作环境中英语运用的真实状况以及社会对毕业生素质能力的要求，根据调研得出的岗位需求有针对性地调整课程结构和内容。

第三，引进具有实践能力和较高理论水平的高素质人才来充实英语教师队伍，完善师资结构。

第四，聘请企事业单位英语水平较高的专家担任兼职教师，以便学生及时掌握行业企业发展所需的最新知识。

教师是课程改革的实施者，教师的教学素养直接影响到课程教学的实施质量。课程改革成功的关键在于教师，要使教师能很好地适应新的课程体系，关键是要转变教师的教育观念，更新教师的知识结构，完善教师的教学行为。学校应结合校本培训，继续加强对教师的专业理论培训，积极为教师提供多种学习、培训的机会。为了更好地推进英语的教学改革，提高教师的自身水平刻不容缓。对此有以下几点要求：

第一，应注重教师的精神素质提升。教师要有乐教精神、敬业精神及良好的个性品质；教师的言行举止要大方从容，要胸怀宽广，能虚心听取他人意见。

第二，应注重教师的专业素质提升。教师应具备扎实的专业知识和广博的社会知识。

第三，应注重教师的语言素质提升。教师语言表达能力的高低直接影响着教学的效果和质量。教师的语气、语速、音量、音质等都直接影响着口语表达效果。因此，教师应在语言表达上下功夫。

第四，应注重教师的情谊素质提升。教师应不断了解、研究新时期学生的各种知识需要和情感需要，并科学对待、正确引导。教师还应努力培养高尚的师爱，只有以心换心、以情激情，才能赢得学生的信任和喜爱，学生才会乐于参加教师组织的各项活动。

（三）改善学校的软硬件设施，提升教学质量

很多高职院校面临软硬件设施严重不足的状况，改善学校的软硬件设施，就要加大投入，以确保课程改革的全面实施。随着科技的不断发展，网络信息越来越受到人们的青睐，应加快学校信息化网络建设，丰富课程资源，扩展资源库容量，以教育的信息化带动教育的现代化，为课程改革的顺利实施提供信息资源和技术方面的保证。

学校应加强教学流程管理，提高教学质量。学校课程改革领导小组成员要经常深入课堂，了解教师们在课程改革中存在的问题，及时组织相关人员对这些问题进行研究；同时，针对课程实施中出现的新情况，进一步完善原有的教育教学常规制度，细化各岗位职责，注重管理实效。

（四）明确教学改革要求，优化教学内容和过程

为了明确教学改革的方向，对高职英语性质、地位、作用的认识要进一步统一，对英语教学中存在的问题应进行从现象到本质的深入剖析。

首先是调整教学内容。高职院校应结合社会对英语人才的实际需求，因地制宜地加大校本课程的开发力度，改变教学内容"繁、难、偏、旧"和过于注重书本知识的现状，加强课程内容与学生生活、现代社会和科技发展的联系，关注学生的学习兴趣和经验，促使学生把知识转化为能力。

其次是改革教学过程。在课堂教学中，学生的学习过程是一个有意识的心理过程。教师作为课堂教学的主导，就要适应学生的心理特点，使教学符合学生的认知规律和情感需求，达到教学过程的优化。这给教师提出了以下两点要求：一是优化师生关系。教学要使受教育者"学会学习"，而"学会学习"的能力，只有通过学习者不断的"学"的实践才能获得。二是优化教学方法，这是优化教学过程的关键。要教学生"学会学习"，就是要让学生自己掌握学习的方法，成为学习的主人。学会学习，从本质上讲就是要使学生形成不断发现问题、提出问题、解决问题的能力和习惯。这种能力和习惯是需要学习者反复实践才能养成的，这种实践也是一个多层次的渐进的过程。

高职英语教学改革应构建以就业为导向的模块化教学内容体系，即英语基础知识整理和巩固模块、求职就业模块、专门用途英语模块。英语基础知识整理和巩固模块，主要是对学生已有的英语知识进行整理和巩固，加强应用能力培养，为就业、求职甚至专门用途英语的学习做好铺垫。求职就业模块，重点培养学生在就业和求职方面的口头交际能力和书面表达能力，使其具备必要的职场英语能力。专门用途英语模块，在高年级阶段开设，结合专业的需求，做到学以致用、学用结合，真正体现高职英语的职业性。

（五）适应职场需求，突出实践教学

第一，高职英语教学要改变传统的教学模式，适应不同专业学生的个性化学习需求，加强教学互动性。针对不同专业的学生特点以及未来的岗位需求实施任务教学，采用任务引领、头脑风暴、思维导图、教学引导和项目教学等行动导向教学法。比如，将每节课的教学目标分解为一个个小项目，项目中的主题与即将面对的职场活动息息相关，让学生在真实的环境中获取和应用英语知识,有效锻炼学生的学习技能、合作能力和工作技能,从而激发学生英语学习的兴趣。

第二,实现课内外教学相结合,充分开展各类英语第二课堂活动。简单的高职英语课堂教学已满足不了学生英语学习的需求,对学生的英语教学要转变为以学习兴趣培养和学习方法引导为主的教学,实现课内外教学相结合,充分开展英语第二课堂活动。比如,定期开展英语角活动、组织参加各类英语竞赛、开展英语话剧表演、欣赏英语电影、学唱英语歌曲、举办英语化装舞会、开办各类英语学习的培训课程或系列讲座等。

第三,发挥高职院校实训基地的作用,加强学生职场英语技能训练。目前,高职院校开辟了大量的校内外实训基地,这些实训基地可以培养学生的专业素质,让学生掌握综合实训的专业知识和技能,培养学生处理信息、制订计划、小组协作、与人沟通等关键能力。同时,能够帮助学生感受企业文化氛围,在职业环境中培养职业道德。此外,还应该充分挖掘实训基地的其他功能,结合真实或仿真的职业环境积极开展英语教学活动,使学生的专业能力和英语应用能力综合发展,形成综合职业能力,以适应职场发展需要。

第二节　基于职业需求的
高职公共英语教学改革与实践

高职教育培养的是高等应用型人才,教学改革要以人才培养目标为导向,摆脱传统教育模式的束缚,把学科型教育转变到技术应用型人才的培养上来,充分考虑社会发展、行业背景、学生实际应用和未来可持续发展等多种因素,构建科学合理的课程体系,更新教学内容,改进教学方法,推动教学创新,实现最优的教与学的方式。

长期以来，高职公共英语教学是将英语作为一门功课来教，存在着以教师、课堂、课本为中心的现象，英语教学往往是教师"一言堂"，教师犹如"舵手"，学生则是"乘客"，没有脱离"以教师为中心"的教学模式，语言教学失去了交流功能，课堂缺乏活力，本该充满生机和活力的语言实践课变成了抽象枯燥的纯语言知识的讲授课。

一、综合职业能力的培养

（一）整合的能力观

综合职业能力的课程观，属于能力本位教育的范畴，它是适合我国目前具体实际的课程观，也是在国外能力本位课程基础上的发展。对能力的不同理解，就会有不同的能力本位课程观和能力本位课程开发模式。

任务本位的能力观认为，能力就是操作技能，表现为一系列相对孤立的行为，这些行为与完成一项项被细致分解了的工作任务相联系。也就是说，能力就是任务。一般素质的能力观将能力视为普遍适应的一般素质。一般素质是掌握具体任务技能的基础，也是促进个体能力迁移的基础。一般素质导向的能力观考虑到了任务本位的能力观在专业性教育中遇到的困难，注重一般素质的培养，指向可广泛迁移的能力（如创造力、学习力、批判思维能力等）。

整合的能力观将一般素质与具体的工作情境结合起来，认为能力是个体在现实的职业工作表现中体现出来的才智、知识、技能和态度的整合。整合的能力观在一定程度上避免了前两种能力观的局限，是建立在建构主义理论基础之上的一种与具体工作情境相联系的复杂的素质结构。建构主义导向的整合的职业能力观，以具体的工作情境为基点，在真实的工作情境中整体化地解决综合性专业问题的能力和相应的技术思维态度和方式。这种能力观顺应了当今瞬息万变的时代需求，满足了具有针对性的职业培训和具有专业性的职业教育的双重需求。

（二）公共英语的能力培养

《高职高专教育英语课程教学基本要求》对于学生的能力培养有如下要求：①高职教育培养的是技术、生产、管理、服务等领域的高等应用型专门人才；②打好语言基础是高职英语教学的重要目标，要遵循"实用为主，够用为度"的原则，语言基础和语言应用能力培养并重，语言基本技能的训练和实际从事涉外交际活动的语言应用能力的培养并重；③在完成《高职高专教育英语课程教学基本要求》规定的教学任务后，应结合专业学习，开设专业英语课程，保证学生在校期间英语学习的连续性，又可培养英语实际应用的能力；④组织学生参加丰富多彩的英语课外活动，营造良好的英语学习氛围，激发学生学习英语的自觉性和积极性，培养学生的社会实践能力；⑤积极引进和使用计算机多媒体、网络技术等现代化的教学手段，改善学校的英语教学条件，进一步培养学生的信息能力。

（三）综合职业能力与核心能力

综合职业能力是指在真实的工作情景中解决综合性专业问题的能力，是人们从事一门或若干相近职业所必备的态度和本领。华东师范大学钱景舫教授将综合职业能力的结构划分为三个层次：一般能力、群集职业能力和岗位职业能力。人力资源和社会保障部职业技能鉴定中心提出了分层化的国家职业标准：核心能力（面向各行各业工作岗位）、行业通用能力（面向一群工种或岗位）、职业特定能力（面向单个职业工种或岗位）。人力资源和社会保障部刘永澎则进一步说明，在核心能力与行业通用能力之间，还可以有一个跨行业职业能力，即若干个行业共同需要的一类能力。

二、教学方法

（一）项目化教学法

项目化教学法是师生通过共同实施一个完整的项目工作而进行的教学活动。它是行为导向教学法的一种。

一个项目是一项计划好的有固定开始时间和结束时间的工作。原则上项目结束后应有一件较完整的作品。该教学法实施的流程如下：①明确项目任务，教师提出任务，学生讨论；②学生制订计划，教师审查并给予指导；③学生分组及明确分工，实施计划，合作完成；④学生自我评估，教师评价；⑤记录归档，实践应用。

（二）任务型教学法

任务型教学法是20世纪80年代兴起的一种强调"在做中学"的语言教学方法，是交际教学法的发展，在世界语言教育界引起了人们的广泛关注。近年来，在语言学习领域，这种"用语言做事"的教学理论被逐渐引入我国的英语课堂教学，是我国英语课程教学改革的一个走向。任务型教学法强调"以学生为中心"，建立民主平等、情感交融、合作交流的师生关系，教师启发学生主动、自觉地完成学习任务，学生积极主动地参与到课堂教学的全过程。

任务型教学法有助于激发学生的学习兴趣；将语言知识和语言技能结合起来，有助于培养学生综合的语言运用能力；启发学生的想象力和创造性思维，有利于发挥学生的主体性作用；培养学生的人际交往、思考、决策和应变能力，有利于学生的全面发展；激发学生独立思考的能力，有利于培养学生良好的学习习惯。

三、教学改革实践

（一）学习模式创新

根据学生的学习状况，一些高职院校开发并实践了基于项目的在线合作学习模式和"以学生为中心"的学习模式，充分利用网络资源，在基于主题实践活动的高职公共英语教学改革方面做了一些积极的尝试。

1.基于项目的合作学习模式

充分运用现代教育技术，构建网络平台，开展基于项目的在线合作学习。教学活动主要依托网络平台，学生以小组为单位相互协作，完成真实的、有意义的项目。单元设计以每个单元为话题（研讨项目）。课前组织学生利用网络平台查找资料、交流与学习内容相关的资料，课堂上利用网络平台以小组为单位呈现学习内容，课后进一步讨论、完成电子作业和小组之间的互评。

网络环境下的基础课教学模式，能够实现教学内容的预期学习目标，启发学生的创新精神，大大增强了学生的自主学习、合作交流、信息处理、解决问题等能力。

2.任务型学习模式

"以学生为中心"即以学生的生活经验和兴趣为出发点。学生在教师的指导下，通过感知、体验、实践、参与和合作等方式完成任务、感受成功；教师把真实情景搬进课堂，让学生模拟去做、去练、去运用所学语言功能，在学习过程中进行情感和策略调整，从而形成积极的学习态度，促进语言实际应用能力的提高。这有利于学生思维、记忆与创新能力的提高，符合语言学习规律，可确保教学效果的巩固和提高。

教学过程中，要注重如下几方面：以小组活动为主体，强调异质分组；强调小组成员的合作互助；强调目标导向；强调总体成绩作为激励。

（二）主题实践活动与评价

根据《互动英语》（中国劳动和社会保障出版社 2008 年出版的教材）第 1、2 册内容确定的主题活动项目有演讲活动、社会调查、专题研讨、角色表演、观察作文、课件制作、资料收集、交流讨论、口语活动、购物销售等。

评价方法使用量规的模式。量规是一个真实性评价工具，它是对学生的作品、成果、成长记录或表现进行评价或等级评定的标准。利用量规记录和收集学生学习过程中的有效评价信息，并将获得的信息和资料用于判断学生的学业情况，从而发现学生学习中存在的问题，给予学生及时的引导和帮助。使用量规的目的主要不是给学生分类，而是让学生清楚学习的目标以及在学习过程中引起学生的反思，调动学生的学习积极性，发展学生的思维能力，促进学生的发展。活动评价使用的部分量规有：①小组合作评价量规；②研究性学习过程量规；③PPT 作品评价量规；④合作学习评价量规；⑤作业评价量规。

（三）教改成果

1.学生的成长

在主题实践活动中，学生的态度积极，学习热情高涨，能完成教师布置的各种学习任务，动手能力、计算机基本操作能力，特别是英语基本表达能力与思辨能力均得到提升；全国大学生英语竞赛和其他各类竞赛获奖率大大提高。主题实践活动突破了传统教学模式的时空局限，使学生所学的知识内化为一种稳定品质，从而提高了学生的核心能力和综合素质。

2.教师的成长

教学相长，教师也改变了传统的教学观念。过去那种以教师为主、学生为辅的教学思想得以彻底改变，形成了"学为主体，教为主导"的教学理念。教科研成果丰硕，教师积极从事高职教育教改课题研究，建构高职学生的核心能力；在职业教育领域积极探索基于网络的高职院校基础课程教学新模式研究与实践，开发并建设了实用英语精品课程。

第三节　基于主题实践活动的
行动导向教学法实践

行动导向的职业教育教学既是研究国外职业教育先进经验的主要领域，也是我国职业教育教学改革的重要方面。本节将分析行动导向教学法的理论基础、原则及特点，介绍该教学法在以主题实践活动为主的高职英语教学改革中的运用，在此基础上探究行动导向教学法在英语教改中的优势，即它所体现的先进理念展示出的现代教学方法发展的重要趋势。

一、行动导向教学法

20 世纪 80 年代以来，世界职业教育领域出现了一种新的由一系列教学技术所组成的以能力为本位的教学思想，对于培养人的全面素质和综合能力起着十分重要的作用。德国"双元制"职业教育之所以能为德国的经济发展培养出大量的高素质技术工人和职业人才，正是源于其职业教育教学过程中采用的行动导向教学法。

行动导向教学法又叫实践导向教学法，其目的在于促进学习者职业能力的发展，核心在于统一行动过程与学习过程，倡导通过行动来学习和为了行动而学习，是由师生共同确定的行动产品来引导教学组织过程，学生通过主动和全面的学习，达到脑力劳动和体力劳动的统一，它重点强调的是对人的关键能力的培养。在此过程中，教师不再按照传统的学科体系来设计教学，而是按照职业工作过程来确定学习领域，设置学习情境，开展教学活动。教学内容以职业活动为核心，遵循"实践在前，理论在后；行动在前，知识在后"的原则。

与传统的单向灌输式教学方法相比，行动导向教学法更加注重学生独立解决实际问题及自我管理式的学习，既可使学生更快地掌握专业技能，又培养了学生解决实际问题的能力、与人协作共事的社会能力和创新精神。

二、建构主义学习理论

现代建构主义学习理论是行动导向教学法的主要理论基础。建构主义学习理论认为，学习是个体建构自己知识的过程，这意味着学习是主动的，学习者不是被动刺激的接受者，而是对外部信息做主动的选择和加工。学习过程不是简单的信息输入、存储和提取，而是新旧经验之间的相互作用过程。

行动导向教学遵从建构优先原则。其典型特征是：基于行动、生成和建构意义的"学"，学生主动存在；基于支持、激励和咨询意义的"教"，教师反应存在；基于整体、过程和实践意义的"境"，情境真实存在。行动导向教学法卓有成效的关键在于寻求建构与指导之间的平衡，促进指导性教学原则与建构性教学原则的融合。建构主义的教育哲学有利于行动导向的教学，有利于行动能力的培养。

三、行动导向教学法的基本原则与主要特点

（一）基本原则

行动导向教学法的基本原则：①关注学生的兴趣和需求，在"做中学"，学习是一个行为过程，学生是教学过程的主体，学习过程中注重交流合作精神的培养；②学习过程被看作一个完整的工作过程，注重创新能力的培养，是解决问题的发现式学习；③学生自己设立学习目标，强调在"做"的过程中反思；④注重情境相关的感受和经验积累；⑤学习指向产品。

（二）主要特点

行动导向教学法的主要特点：①教育目标是培养学生的职业行动能力，让学生成为一个有能力的人，而不是过去的只看重成绩排名；②教材模式是如何去引导学生学习，而不是陈列有限的知识，教学内容是跨学科的，教学过程是摆脱了传统学科体系的以能力为基础的职业活动模式；③教学过程是一个包括信息收集、计划、决策、执行、检查、评估 6 个环节的"完整的行为模式"，而不是传统的"填鸭式""一言堂"教学；④教学组织形式是以学生为中心，是学生在教师指导下的自主学习，而不是以教师为中心的学生被动学习；⑤教师是行动的组织者、引导者、咨询者，不再是传统意义上的知识灌输者、教学组织与领导者；⑥交流方式是双向传递和互动，而不是单向灌输，激励手段是不断取得成就的体验，重视学习过程中的质量控制，而不是靠分数激励。

四、高职英语教学实践

（一）主题实践活动设计

教育部职业教育发展中心的姜大源教授认为，实施行动导向的教学，要求开发过程导向课程、构建行动学习情境、完成教师角色转变、实施个性化教学形式、建立一体化专业教室。在教学过程中强调学习者个性化和自主式的学习模式也体现了当前国外流行的一种教学理念：要求学生能够进行自我控制，能够自我掌握学习进度，了解自身学习效果，并根据需要调整学习计划，强调学生对自身学习的责任感。语言教学，特别是外语教学，需要为学习者提供适应这一方式的实践环境和条件。

（二）教材分析

中国劳动社会保障出版社出版的国家级职业规划教材《互动英语》按照"项目化、任务型"的编排体系，以"实用为主，够用为度"为原则，突出了对学生实际应用能力的培养。教材内容主要涉及学生的日常生活，对于学生掌握教材内容、感知教材体现的知识与技能较为有利。在教学过程中，教师和学生充分讨论，重新整合课程内容与结构，开展相关的主题实践活动。

（三）活动基本过程

主题实践活动中，以小组活动为主体，强调异质分组。小组成员在性别、成绩、能力等方面具有一定的差异，并具有互补性。教师把教学内容分配给各个小组，由组长带领同学来完成学习任务，再选出代表在课堂上做总结讲课，教师在现场听讲并及时给以指导。

活动过程可划分为确认工作任务、制订计划、实施、检查与评价等必须经历的教学环节。准备阶段：学生在教师指导下，完成选题、小组分工、收集资料、阅读文献、制订计划、数据处理、分析假设、解决问题、撰写论文或制作课件等。呈现阶段：各小组进行交流，接受其他小组评委的提问和质疑。反思阶段：学生完成作业，教师对学生参与研讨活动的过程，从知识掌握、方法能力、社会能力以及整改等方面进行评价。

（四）过程性评价量规

现代教学评价建立的是对学生多方面发展的评价体系，注重对学生学习能力、态度、情感、实践能力以及学习方法等的综合评价。现代教学评价不仅关注教师教的活动，更关注学生的学习活动。美国量规专家海蒂·古德瑞齐（Heidi Goodrich Andrade）认为，量规是一个评分工具，它为一个作品或其他成果表现列出准则，并且从优到差明确描述每个准则的水平。作为一种评估作业或产品并获取反馈信息而使用的评分标准，量规可以用来引导学生的学习过程，充当学习的"脚手架"。

主题实践活动使用的评价量规有：①小组合作评价量规；②研究性学习过程量规；③课堂辩论量规；④合作学习评价量规；⑤作业评价量规；⑥课件作品评价量规；⑦演讲量规；⑧团队协作量规；⑨课堂参与量规；⑩学生网上交流情况量规；⑪口头表达量规；⑫小组合作评价量规。

（五）主题实践活动的优势分析

基于主题实践的行动导向教学法为高职英语教学改革提供了新的方法与模式，取得了英语教学改革的第一手资料。主题实践活动的开展有诸多优势：

（1）强调学生在教学过程中的行动性，即参与性、实践性和互动性，体现了"以人为本"的职业教育思想。

（2）注重教学过程与工作过程的完整性与统一性，集中体现了"做中学""学中做"的人才培养新理念。

（3）注重学习行动的合作性。以学生兴趣为出发点，重视关键能力的培养，注重学生将知识转化为应用的能力和解决问题的能力。强调合作式学习，强调师生之间以及学生之间的交流，培养学生与人协作共事的能力。

（4）注重教学评价的开放性。既有对所学技能与知识的定量分析，也有对学生所获得能力的定性分析。所有的评价结果都是开放性的，允许学生自己制定评价标准并检查自身的学习效果，培养学生的批判性思维能力。

五、主题实践活动的经验总结

主题实践活动培养了学生"做事"和"做成事"的能力、获取知识的能力、运用知识解决问题的能力、知识共享的团队合作能力、发现知识的创新能力和传播知识的交流能力。

（一）培养了学生的创新能力

主题实践活动拓宽了学生的眼界，自由讨论给学生潜能的发挥提供了广阔的空间。在讨论中，多样化的、动态的、不断接近真理的答案启迪着学生的思维。

（二）提高了学生独立工作的能力

新教学法极大地提高了学生独立工作的能力，通过一而再、再而三的训练，每当新的任务来临，学生不会再束手无策，挫折承受能力也会得到锻炼。

（三）培养了学生的协调能力

学生在模拟的或者真实的活动中要和不同的对象进行合作，而且合作的方式不一样，任务的完成过程就是合作能力提高的过程。

（四）提升了学生的应变能力

如角色扮演法，学生承担着不同的角色，面对着不同的对象，必须在瞬间作出回答。不同环境或情景的应答能力的形成，有助于学生更快地适应社会。

主题实践活动特别强调学生的主观能动性，通过团队工作培养学生的核心能力，使学生不仅会应用知识，还可以面对问题，找到解决问题的方法。行动导向教学法的应用为学生提供了一个活跃而自主的学习环境，极大地提高了学生的综合职业能力。行动导向教学法所体现的先进理念，展示了现代教学方法发展的重要趋势，它是提高职业教育教学质量的有效途径。

第四节　"四位一体"教学法
在高职英语教学中的应用

　　高职英语教学的现状与目标呼唤着适合中国国情的教学理论体系、方法与策略。英语"四位一体"教学法符合认知规律和语言学习规律，其学习策略是一种系统的、科学的自主学习策略，值得研究探索，并在高职英语教育领域进行广泛应用与推广。

一、高职英语教学目标分析

　　高职教育培养的是技术、生产、管理、服务等领域的高等应用型专门人才，打好语言基础是英语教学的重要目标，应遵循"实用为主，够用为度"的原则，强调打好语言基础和培养语言应用能力并重；重视语言学习的规律，正确处理听、说、读、写、译之间的关系，确保各项语言能力的协调发展。考虑到目前高职学生英语水平的差异，语言测试应着重考核学生实际使用语言的能力。与此同时，科学的测试又能为教学改革和语言学习提供积极的反馈，是提高教学质量的保证。高职院校应积极引进和使用计算机多媒体、网络技术等现代化的教学手段，改善学校的英语教学条件；组织学生参加丰富多彩的英语课外活动，营造良好的英语学习氛围，激发学生学习英语的自觉性和积极性。

　　由此可见，高职院校英语教学的基本要求，应该包括英语语言知识、应用技能、学习策略和跨文化交际等方面的内容，既强调培养学生的英语听、说能力，以及读、写、译等英语综合应用能力和专业英语技能，也要注重分类指导、因材施教的原则，采用立体化、网络化、个性化的英语教学方式，时刻考虑学生学习的实际需要。

二、英语"四位一体"教学法

从全国范围来看，能够适应中国国情、学情、教情的外语教学法相对较少。我国目前外语教学水平、教学方法普遍存在"费时较多、收效较低"的问题，亟须研究改进。为了解决这个问题，我国外语教学专家和教师潜心研究，大胆实践，探索出了许多科学、省时、高效的外语教学方法。英语"四位一体"教学法就是其中一种。

在中国，由于我们的工作语言、生活语言以及学校其他课程的教学语言都不是英语，英语也不是官方语言，仅仅是作为教学课程当中的一门，这就需要正规的学习，而且这种学习需要有辅导，它是一种非自然的学习。中国环境下的英语学习是一种有意识的学习，而不是无意识的学习。

英语"四位一体"教学法将英语教学定位在"学得"的框架内。在中国外语环境条件下，如果"习得"的话，不主张学习规则，忽视知识的掌握，就很难打好"双基"，使学生们绕了很大圈子，浪费很多时间，这大概就是目前我们在英语教学上普遍存在的费时低效的主要根源。英语"四位一体"教学法把英语学习目的定位为"工具"。英语学习的目的被确定为四个阶段性的教学目标，"四位一体"所指的四个阶段，即四大要素：素质、能力、技能、知识。四大要素是一个不可分割的整体。

三、英语"四位一体"教学法自主学习策略

学习策略是语言学习者用以获取知识的技术或手段。学习策略是学生为了更有效地学习而采取的各种行动和步骤，所以学习策略实际上是支持自主学习的一整套办法。自主学习策略是学生根据自己的情况合理安排和计划自己的学习，在学习中发挥自主意识和创新精神的一套适合学生学习的方法和手段。

要实现高职英语教学目标，必须激发和培养学生的英语学习兴趣，帮助学生树立自信心，养成良好的学习习惯，发展自主学习英语的能力，形成有效的学习策略。英语"四位一体"教学法自主学习的基本策略是"自主学习—复习—纠错—监控"，支持策略则由"情感—态度—自信心—意识"组成，包含了自主学习策略的非智力因素及人文主义因素，能够体现高职英语大纲的要求，以及英语素质教育的内涵。研究并丰富自主学习策略的具体方法，对于提高英语学习的效率具有非常重要的实践意义。

（一）英语"四位一体"自主学习策略的理论

英语"四位一体"教学法自主学习策略的具体内容是：以学生为主，培养学生的自学能力。学生的心理负担和压力减小了，学生们就能够积极主动地学习。具体方法是：先做好预习或自学，带着问题上课堂，由学生们自己归纳总结。课堂方法有线上作业、预习和自学。活跃课堂教学有讨论式、答疑式、互动式、归纳式。

（二）英语"四位一体"自主学习策略的具体方法

1.自主学习的策略

张正东先生的《外语教学技巧新论》一书专列了"自学"一章。他把自学的技巧分为三种，即多种用途的技巧、记忆的技巧、自我管理学习的技巧，同时涉及制订学习计划的技巧、管理好学习时间、课堂学习的管理、预习和复习的管理等问题。可见，自主学习应包括三项内容：内容、形式、方法。

自学的关键在于预习。预习分为三个阶段：①粗略地看第二天要上的新课，画出不懂之处或查出单词；②查找与新课相关的旧知识，解答教师或教科书提出的问题，必要时做笔记；③从不同角度去理解新课。预习有三方面的工作：①有针对性地思考问题；②扫除预习中的障碍；③由教师上预习指导课，教给学生预习方法。

课堂学习是学生自主学习的非常重要的环节。课堂自主学习的方法主要有：①主动参与课堂活动；②积极思考；③充分利用教材；④与同伴合作学习；⑤主动表达自己的意思，如讨论、辩论、归纳、答疑等；⑥与老师进行良好的配合，学会与人沟通。

课后的自主学习环节也是不容忽视的，主要指导学生做如下工作：①学会使用词典；②学会记笔记，掌握记笔记的技巧；③学会制作卡片；④参加各种活动小组，如会话小组、阅读小组、表演小组、墙报小组、广播小组等；⑤参加使用英语的各类活动，如竞赛、唱歌、英语晚会等。

总之，自主学习的方法和技巧要因人而异、因事而异、因地而异。每个学生应该选择适合自身条件的方法与技巧，才能收到自主学习的效果。

2.复习的策略

复习这一环节应包括复习内容和复习方法两个方面。张正东先生指出，复习的第一阶段是回想、联系、整理，目的是加深认识和加强记忆；复习的第二阶段是做练习；第三阶段是深化、发展、运用。复习也要指导：首先是引导学生找出复习的重点；其次是帮助学生抓住复习的时机；最后则是教给学生复习的方法和总结经验，侧重于分析、综合、多种组合和运用。

经验证明，复习的最好方法是运用，因为实践出真知。只有不断地运用所学的英语知识才能掌握它，只有更好地运用所学的英语知识，才能使语言知识转化为言语能力，只有能力提高了，才能真正掌握语言。

3.纠错的策略

纠错是英语"四位一体"自主学习策略的重要环节，是对自主学习能力的一种反馈。

学生针对在预习、课堂、复习中出现的问题，可以在课前、课上、课外的实践活动中进行自我纠错。可自己设置一个专门纠错的笔记本，记录自主学习中错误内容，以利于改正。几个单元后，可以集中纠正，这就是阶段纠错。纠错的原则是：适当改错、留有余地。可以根据不同阶段的要求，有重点地改错。总之，纠错必须有利于自主学习，有利于外语语言知识的掌握和运用。

第五节　高职英语教学生态系统中的学习模式与评价手段

在现代教学生态系统中，信息技术成为新的要素。在建构主义理论指导下，探索现代教育技术环境下教学改革的新模式，充分利用丰富的信息网络资源，将会呈现给学生一种新的学习方式。信息技术环境下创新的多元化的学习评价手段，对于促进学生的能力培养具有突出的作用。高职英语生态教学系统的良性发展更有利于学生形成高效的个性化的自主学习方式。

一、理论基础

（一）现代教学生态系统

现代教学生态系统是以整体的、系统的、动态的教育生态学理论为依据，以人文主义精神为指导的生态教育系统中的子系统。它强调系统中各因子之间的相互联系、相互作用以及功能上的统一。相对于只有教师、学生和教材三个要素的传统教学系统，现代教学生态系统多了一个要素——信息技术。按照系统论的观点，这四个要素是相互联系、相互作用的有机整体，形成新的教学组织结构。在该生态系统中，教师、教学内容、教学媒体和学生这四个因子必须动态平衡，良性发展。外语教学媒体技术的最新动态是从注重硬技术转向软、硬技术并重的方向发展，从主要关注"教"的技术向关注"教"与"学"并重的方向发展。

（二）建构主义理论教学观

建构主义理论是现代教育技术环境下教学改革的另一主要理论支撑。建构主义认为，学习者的知识是在一定的情境下，借助他人的帮助，如人与人之间的协作、交流，利用必要的信息等，通过意义的建构而获得的。建构主义认为，教学应当把学习者原有的知识经验作为新知识的生长点，引导学习者从原有的知识经验中生长新的知识经验。教师是教学的引导者，监控学习过程，最终要使学生达到独立学习的程度。

构建基于现代教学生态系统意义上的高职英语教学模式，引导学生科学合理地利用现代信息资源进行自主学习，不断提高英语水平，有着重要的实践意义和广阔前景。

二、新教学生态系统中的主要学习模式

教学模式的定义有多种表述，比如华东师范大学的叶澜教授把常规的教学方法称为"小方法"，教学模式称为"大方法"。随着建构主义学习理论的应用，"学习模式"这一概念不断被提及。美国学者乔伊斯（B. Joyce）认为，教学模式就是学习模式，在帮助学生获得信息、思想技能、价值、思维方式及表达方式时，教师也在教学生如何学习。

（一）自主学习模式

以弗拉韦尔（J. H. Flavell）为代表的认知主义建构学派认为，自主学习实际上就是学生根据自己的学习能力、学习任务的要求，积极主动地调整学习策略的过程。基于信息技术的自主学习模式就是学生利用网络环境提供的学习支持服务系统，主动地、有主见地、探索性地学习。其实质是在教与学的过程中，从"以教为中心"走向"以学为中心"，从"以教师为中心"走向"以学生为中

心"，即充分发挥学生的主观能动性和创造性，在主体认知生成过程中融入学生自己的创造性见解。

（二）协作学习模式

协作学习是在建构主义学习理论指导下的一种学习策略。在协作学习的过程中，学习者通过小组或团队的形式来组织学习。基于互联网的协作学习模式，是借助一定的网络交互平台，建立协作学习环境，使师生、生生针对同一学习内容彼此讨论、交互与合作，以达到对教学内容比较深刻的理解与掌握的过程。协作学习模式强调学习者的创造性、自主性和互动性。协作学习模式在具体应用中的一个典型特点是常和其他学习模式组合使用，如协作式自主学习模式、协作探究式学习模式等。协作学习的基本模式主要有七种，分别是竞争、辩论、合作、问题解决、伙伴、设计和角色扮演。

（三）动态自主-协作学习模式

动态自主-协作学习模式的作用就在于网络环境下动态地将学习者的学习模式由自主学习转变为协作学习。协作学习小组中的每个成员都被赋予一个特定的角色，并形成一个合理的学习目标。各个组员的角色和学习目标都是与协作学习小组的整体目标相一致的。一般情况下，学习者是在代理系统的指导下进行自主学习的。各个学习者的代理系统在协作学习小组形成的过程中相互通信，以进行协商，进而达成一致。在协商的过程中，会出现看法交流、说服、折中和批评等活动。

（四）研究性学习模式

研究性学习是指学生在教师的指导下，从自然、社会和生活中选择和确定专题进行研究，并在研究过程中主动地获取知识、应用知识、解决问题的学习活动。基于信息技术的研究性学习模式是指教师提出某个研究课题，学生在教师的指导下，利用实地考察（或实验）、资料检索、网上调研、讨论研习等方法，对各种材料进行分析、综合、评价，从而形成自己的观点。研究性学习模式有利于构建开放的学习环境，促进学习者形成积极的学习态度和良好的学习策略，培养学习者的创新精神和实践能力。

三、多元化的学习评价手段

新型的学习形式迫切需要一套与之相适应的评价体系。建构主义认为，认知个体是在主动地解释客观世界，处在不断发展和改变的过程中，很难用统一的标准化的方式来评价。以下是笔者总结的信息技术环境下的五个行之有效的学习评价手段：

（一）电子学档

电子学档是以数字化形式记录的学习档案。以 Web 为基础的网络学习环境，以其强大的交互性、广泛的传播性、数据收集处理的即时性和方便性，以及快速的数据统计分析功能，为电子学档的构建和使用提供了强劲的技术支持。其优势主要体现在：借助计算机网络技术完成学生学习行为的跟踪和记录；借助数据库技术实现自动化的数据收集处理和档案管理。

（二）学习档案评价

学习档案评价则是多种评价理念共同提倡的一种评价方式，它借鉴电子学档的形成技术，将每个学生在本门课程学习期间所做的所有工作及表现整理成个人的学习档案（包括学习计划、学年论文、学习体会、读书笔记、调查报告、反思日记等），以完整地反映出某一阶段学生的发展状态和所取得的进步，作为学生成长和进步的记录，精确把握学生的学习行为，以此作为评定学生学习质量的一个重要依据，并在此基础上进行诊断分析和反馈监控。

（三）学习契约

学习契约也称学习合同。学习契约就是一份由学习者拟定的书面资料，清楚载明学习的目标、内容、方法、时间以及评估的方式。学习契约能够让学习者在一定的培养目标基础上，依据学习背景、任务、问题的多少来拟定学习目标、内容和进度。可以根据学习契约进行个性化和差异性评价，评价指标和标准是多元的、开放的和具有差异性的。评价者根据契约的内容解读评价指标和标准，对不同的学习者给予不同的评价，这能够促进学生个性的发展。

（四）移动代理技术

移动代理技术是一种最新的网络应用技术。运用移动代理技术，可进行学习监控。在网络学习活动中，学生活动分布在各个地方，教师不可能对学生有一个较为全面的了解。在这种状态下，运用移动代理技术可以体现对学习者的评价作用，对学习者的评价也较为客观。

（五）博客

博客是网络时代的自媒体，是以超级链接为"武器"的网络日记。它代表着新的生活、工作方式，更代表着新的学习方式。教学活动中可以利用博客开展对学生学习情况的实时测评。它的特点之一就是能够即事即写，正好满足对于知识的收集。博客提供的一些简单便捷的操作，能将每个学习者完成的课业都用数字的方式长期记录下来，形成一个电子档案。通过电子档案就能够从学习知识过程的方法、情感、心理等方面全面评价学生，这样的电子档案非常有助于形成性评价的开展。

四、特色创新之处

（一）资源网络化

顺应学习能力培养与个性化教学趋势，利用高职英语网络课程和精品课程对课程教学资源进行重新设计，使之规范有序，符合教育规律，实现教学文件、教学内容、教学课件、视频、专题、素材等多媒体信息有机集成，能更好地服务于学生的学习。

（二）任务合作化

在教师指导下，学生通过感知、体验、实践、参与和合作等方式实现既定的任务目标。学生依托网络平台，以小组为单位相互协作，完成真实而有意义的学习活动，从而增强自主学习、合作交流、信息处理等能力。

（三）评价多元化

评价方法注重多种能力评价、多元评价方法、多元评价主体（学生参与评价）。当前评价方面一个重要的发展趋势就是量化评价和质化评价相结合，遵循"木桶效应"，对技术性和教学性等方面进行平行评价，把质化评价方法作为量化评价的指导，同时又把量化评价结果作为质化评价结论的基础。

评价从"以结果为中心"向"以过程为中心"转变，强调学习的步骤、策略和过程，实行过程考核与目标考核相结合，注重形成性评价，强调学生在学习过程中的表现，而不再是传统意义上的终结性评价。

人本主义心理学家罗杰斯还强调学生的自我评价，即学生依据一定的标准，对自己的学习进行观察、分析、反思，并据此改进学习计划，对自身的学习进行自我监控和调节，以促进自主学习和个性化学习。

在教学生态系统中，教师不断拓展教学内容，引导学生充分利用现代信息资源环境，形成新的学习方法和评价方法，保证教和学顺利进行。把教育生态学的理论引入高职学生英语学习的层面，旨在唤醒外语教学工作者关注新生态环境下英语课堂设计、教学内容安排、技术应用和学生英语学习成效等因素之间的均衡方式与策略，促使英语生态教学系统的良性发展。语言学习是一个积极的动态过程，在新生态的自主学习过程中，网络能够监督学习过程，及时评价学习结果，给学生提供有利的反馈，从而帮助学生逐渐形成高效的、个性化的学习方式。

第六节　高职英语教学改革的趋势

一、教育信息化趋势下的高职英语教学改革

经过十余年的发展，教育信息化已在国内高职教育界掀起了教育变革的浪潮，且必将使教育教学理念、教学方式方法、教学资源配置、教学管理体制等方面产生剧烈的变革，推动高职教育的重塑。席卷全球的慕课、国家精品开放课程、微课等，都是对传统高职教育的冲击和挑战；基于网络平台的优质学术资源可方便地传播和共享，促进了教育公平及教育均衡发展，减弱了教育时代的"马太效应"。

那么，如何把握教育信息化趋势下的高职英语教学改革，就成了我们亟须思考的问题。

（一）教育信息化趋势下的高职英语教学改革

随着信息化在全球范围内的迅速扩展，以及信息技术在教育领域的广泛应用，教育信息化已经成为教育发展过程中的一场深刻变革。

从教育教学过程来看，教育信息化在高职教育中主要推动了以下几个方面的变革：

一是信息技术的融入。在教学过程中，信息技术的融入让教学的方式方法发生了深刻的变革，如多媒体教学、网络教学、数字化教学等多样化的教学方式的出现，使信息化成为高职教育育人的基本条件。

二是教育理念的创新。信息化推动了教学模式和方式方法的改革，对整体的教育教学过程产生了深刻的影响，比如课程组织、管理方式、评价体制、激励机制等方面都需要重新架构。

三是教育个性化的实现。信息技术在教育领域的介入和信息化教学平台的应用，使传统上难以实现的教学管理组织和要求成为现实。面对知识水平参差不齐的学习对象，高职院校可以通过信息化手段实现学生学习层次的分类，进而开展个性化、模块化教学。

高职教育教学信息化是教育信息化工作的核心，是关系到高职院校教育教学改革的关键环节，促进信息技术与教育教学的深度融合已成为现阶段高职院校教学改革的主要趋势。

这一趋势下的主要工作就是围绕应用信息技术手段创新人才培养模式和课程教学模式，研究建立信息化教学中针对学生的学习评价机制和针对教师的教学评价与激励机制，以及推动高职院校基于信息技术的"跨校选课、学分互认"、课程共享机制建设和激励优质课程资源共享等。从外部环境来看，经济社会发展对高职院校的人才培养需求和学生的个性化学习要求，使高职院校必须在新常态下着力把握教育信息化趋势下的高职英语教学改革，顺势而为，大胆探索，从基于信息化环境的校内公共课程内容建设、教学模式建设、评价机制建设等方面入手，结合教学实际打造适合自身的信息化教学新模式。

（二）教育信息化趋势下高职英语教学模式发展及现状分析

1.高职英语教学模式发展

在教育信息化的推动下，高职英语教学改革也进行了努力创新与尝试，基本的教学模式主要经历了计算机辅助高职英语教学、网络架构的高职英语自主学习平台运用、信息技术与高职英语课程深度融合三个发展阶段。

（1）计算机辅助高职英语教学阶段。现代信息技术的发展为高职英语的教学改革提供了良好的契机。如今几乎所有的高职院校都实现了计算机辅助教学。计算机辅助教学强调计算机是教学的"辅助工具"，虽然能将课堂内容通过多样化的方式展示出来，但学生仍被认为是知识的灌输对象，是被动的"接受者"，教学内容也往往不离教材。这种教学模式将多媒体教学引入英语课堂，改变了过去教师加黑板的传统单一的课堂教学模式。从本质上讲，该教学模式在高职英语教学方面并未能发挥显著的效果，也和以往的教学模式大同小异，并不能满足现代教育及社会的需求。

（2）网络架构的高职英语自主学习平台运用阶段。近年来，许多学者强调将建构主义理论运用于高职教育。建构主义理论认为，知识不是通过教师或外界传授而得到的，而是在一定的情境下，借助其他人（教师或学习伙伴）的帮助，利用学习资料，由学习者自己完成对知识的构建。它认为教师和学习者同等重要，同时肯定教师的主导作用和学习者的主体地位。

基于建构主义理论，网络架构的自主学习平台逐渐成熟并走进高职院校。此类平台要有一定的硬件作为基础，由资源库、学习平台、学习工具、考试测评、讨论区等模块组成。这似乎颠覆了传统的教学模式，突出了学生的主体地位，学生由被动的"接受者"变成了学习旅程的"驾驭者"。

但是，也不能忽视教师在学生自主学习过程中的引导和监督作用。具体而言，要做到以下几点：①平台有一定的课程设置，学生必须在完成基础学习并通过测评后才能进入更高一阶的学习；②平台有一定的自动监控设置，如学习满4分钟才能开始测试，5分钟没有学习状态计时就会停止以防止学生刷课的现象；③学生可组成不受地理位置限制的小组共同讨论并完成学习任务；④最重要的是教师可进入教师平台，掌握学生的学习情况，并根据每个学生的不同情况，布置下一部分的学习任务，处理学生在学习过程中出现的问题，并可公开辅导、解答共性问题，同时还可统计评估整个年级学生的学习数据，作为进一步深入学习的依据。

这种自主学习模式通过构建特定的学习环境，学生根据自己的特点和学习兴趣主动地选择学习时间、学习方法，组织学习过程，提高英语听说及运用能力。这种自主学习方式是以"快乐学习、终身学习"为最终目标的。

（3）信息技术与高职英语课程教学深度融合阶段。当今社会信息量巨大，随着新技术的不断涌现，高职英语教学也在不断改革中完善并步入了信息技术与课程深度融合的阶段。基于互联网和校园网的多媒体教学模式强调个性化教学与自主学习，学生可根据教师的指导及自己的特点、水平、时间、学习方法等，通过自主学习室的学习软件和校园网高职英语教学平台中的"英语资源库系统"和"教学/学习管理系统"，实现非定时多地点的学习。也就是说，学生可以选择适合自己水平的学习内容，选择适合自己的学习时间，并根据自己的学习方法，在校内自主学习室、电子阅览室、图书馆或寝室随时随地进行学习，并能及时了解自己的学习进步情况，得到相关信息反馈，调整学习策略，达到最佳学习效果。在教学应用方面，部分课程真正利用网络教学辅助平台，构建了网上学习、课堂讨论、社会实践"三位一体"的信息技术与教学深度融合的模式。

2.高职英语教学改革现状

提高学生的英语语言素质是人才培养国际化的必然要求。近年来，国内高职院校根据自身情况开展了不同程度的改革，亦初步取得了一些改革成效。但是随着高职教育办学的日益开放、人才素质要求的提升以及"互联网＋"对传统教育形态的颠覆，高职英语已有的教学模式尚存在一些深层次的矛盾，如分级分类教学的改革深度不够、个性化教学的缺乏等。

从国内大多数高职院校英语改革现状来看，分级分类教学在传统教学模式中占有主导地位。然而，分级分类的缺陷是改革的深度还不够，这种教学组织方式只是按高考分数高低和专业差别进行粗略划分和开展教学。如某高职院校，学科门类齐全，生源遍布全国各地，为使改革试点成果具有代表性、客观性、有效性及可行性，便于将来在全校全面推广实施，经过论证后的实施方案是在不同层次、不同学科进行改革试点工作。从实验结果来看，传统教学模式下的分级分类教学依然不能调动教师教学与学生学习两方面的主动性，而且不同专业的差别较大。

大学英语四级考试后的教学问题也是当前高职英语教学长期困惑的改革瓶颈，是现有教学模式所解决不了的。该问题是：通过大学英语四级考试的学生学习动力不足，学生到课情况较差，由于未能建立相应的考核机制，教师对学生缺乏教学过程的约束力。这个问题影响了正常的教学秩序，同时也是长期困扰高职英语任课教师的问题，在一定程度上挫伤了教师的教学热情和积极性。同时，面临高职学生学习深造、创新创业等方面的迫切需求，现阶段的高职英语教学没有从根本上实现个性化教学，课堂教学依然是以大班教学为主、以教师为中心，并没有实现学生学习的个性化定制。

基于现有教学模式和教学过程中的这些深层次问题，需要考虑如何把握信息化趋势和"互联网＋"的改革态势，做好面向学生的高职英语教学改革，即如何把学生分层次，设计灵活的学习机制，实现学生的个性化学习需求等。

（三）基于信息化的分层次教学模式改革

1.高职英语分层次教学模式构建

高职英语分层次教学在国内高职教育领域已有一定的理论与实践基础，如今已成为高职英语教学改革的主要趋势。分层次教学是被很多高职院校实践了的新高职英语教学模式，只是各个高职院校的分层模型不尽相同。最初采用的是按照学生入学成绩分层，并且大多采用流动层级的教学模式，即入学成绩高的采用高阶教学，其余则次之，同时根据本阶段的考核结果决定下一学习阶段的学习层次。这样的分层教学模式给学生造成了一定的负面心理影响，尤其是被分到"条件较差"班级的学生会产生一定的抵触情绪，不利于教学的进行和人才的培养。

近年来，随着高职教育的快速发展和高职英语分层次教学模式改革的日益深入，单纯以高考入学成绩分层的教学模式已经不能满足社会需求和学生自主学习要求，高职英语教学逐步考虑从多方面、多角度因素对高职英语进行分层。主要有以下几个方面：一是不同学科专业对英语的要求程度不同；二是不同专业学生将来就业后所从事的行业对英语的需求不同；三是学生基于自身兴趣对英语的爱好程度不同。现有研究与实践证明考虑以上诸多因素的英语分层次教学能降低英语教学的盲目性，提高教学效率，节约教学资源，调动师生的积极性，对培养高素质创新人才具有与时俱进的重要作用。

根据教育部发布的《大学英语课程教学要求》，大学阶段的英语教学分为一般要求、较高要求和更高要求三个层次。分层次教学就是根据学生的英语基础、学习能力、兴趣特点、专业方向以及将来有可能从事的行业要求等因素，设计不同的教学目标、制定教学方法，有针对性地对不同层次学生进行相应的学习指导，使每个学生在英语学习方面都能达到最佳效果。在我国古代，这就是所谓的"因材施教"，而今则是在"因材施教"的基础上，同时关注社会对人才的个性化需求。

2.信息化与分层次教学改革实践

在教育信息技术推动的变革浪潮下，以及结合我国高职英语重要转型的契机，应试教育应向多样化应用型教育转变，基础英语教学将向专门用途英语转变，为更好地拓展专业知识做好准备。高职英语分层次教学模式改革具备了深度蜕变的改革要素。针对学生的个性化培养和个性化需求，如何建立信息化平台的高职英语分层模型标准变得尤为重要。某高职院校结合已有的教学改革经验，围绕"模型构建—平台搭建—兴趣驱动"的改革理念，逐步推进高职英语分层次教学模式改革。

为适应社会经济发展对人才培养工作的要求，该学校出台了高职英语分层次改革方案，着眼于在新时期内有所创新和突破，使高职英语课程具有更大的灵活性、选择性和开放性。高职英语教学在注重打好学生语言基础、培养学生英语综合应用能力的基础上，提高学生的综合素质，使学生成为具有国际视野的高素质创新型人才。高职英语教学主要在通修课程的基础上，强化应用性课程，同时结合网络自主学习，推动高职英语教学和学生学习的个性化发展。学校将高职英语分为四个层次，其中层次一、二为全校必修课，层次三、四是各专业根据需要任选模块，分为高阶课程和应用课程，包括报刊选读、影视欣赏、演讲与辩论、英美政治文化等，可在全校范围内选修。

为更好地支撑高职英语分层次教学改革，学校注重资源共享，着力搭建"教学资源共享平台"。通过整合各类电子图书资源、名师教学视频、教师备课资源等，搭建了包括视频课程、电子书、学术视频、文档资料等内容的教学资源共享平台。一方面，依托平台有力支持课程的网站建设、在线课程教学、过程分析统计、研究性教学、碎片化学习等，推进了课程信息化教学改革；另一方面，通过技术开发，实现了平台与校园网门户教务管理系统的无缝对接，为师生即时登录开展自主学习提供了便利。

同时，学校正在加快筹建人文社科慕课中心，通过坚持"全面统筹、集中建设、订单开发"的原则，建成符合学校人文社科类课程教学要求和满足学生多元化学习需求的课程资源平台，解决课程资源共享和多样化人才培养的问题。下一步将加大投入力度，引导与推动不同层次课程与教学团队加快慕课课程开发与建设，用于课程教学实践。这些课程将遵循"以生为主、以师为导"的新型教学理念，要求教师变"教学"为"导学"，引导学生变"听学"为"研学"。加快从"以教为中心"向"以学为中心"、"以知识传授为主"向"以能力培养为主"、"以课堂学习为主"向"多种学习方式共存"的转变，着力培养学生的学习主动性、能动性、独立性，提高学生的创新素质与创造潜能。结合传统高职英语课堂教学的优势，促进师生之间的学习互动，实现教育教学过程线上线下的有机互补。

在全球化趋势下，各国都十分重视信息技术在高职教育领域的应用。教育信息化的发展，已在教育理念、教学方式方法等方面产生了深刻影响，实现并重构着高职教育的开放式发展。高职英语教学改革经历了 21 世纪以来的不断创新，已经为各学科专业人才素质的整体提升和实际应用做出了巨大的努力，并且朝着更加科学化、系统化的方向发展。但从高职教育国际化需求和互联网发展趋势来看，我国的高职英语教学改革和教育信息化发展程度仍有较大的融合空间，还有一些关键环节亟待解决。例如，优质师资的有限性和高职院校其他办学条件滞后于培养规模的扩张；基于网络的高职英语学习平台需要一定的软硬件环境，如何合理配置计算机、学生、教师、实验人员等，使有限的资源得到充分利用，需要在实践中不断调整。

同时，师生的计算机技术培训也必不可少。现如今网络覆盖日趋扩大，尤其是智能手机终端的海量增加已经基本实现了"泛在学习环境"，把握新形势下高职英语教学改革刻不容缓。

二、从需求角度看高职英语教学改革的趋势

需求可分为社会需求和个人需求，前者主要指社会和用人单位对有关人员能力的需求，后者指学生目前的实际水平与希望达到的水平之间的差距。在英语教学领域，需求分析是语言课程设计和实施不可或缺的启动步骤，至少有 4 大重要作用：①为制定英语教育政策和设置英语课程提供依据；②为英语课程的内容、设计和实施提供依据；③为英语教学目的和教学方法的确定提供依据；④为现有英语课程的检查和评估提供参考。因此，从需求角度进行高职英语教学改革是必要的。

（一）需求现状

改革开放以来，我国的高职英语教学在几代人的努力下取得了巨大的成就，培养了大批有专业技能且懂英语的复合型人才，促进了我国改革开放和对

外交流。但随着我国改革开放的深入和世界经济大融合的进一步推进，我国高职英语教学与需求之间的差距进一步加大。

1.社会需求

（1）高端英语人才严重缺乏。目前，我国约有 3 亿人在学英语，有专家预测，再过几年我国学英语的人数将超过以英语为母语的国家的总人数。尽管我国有数亿人学英语，但同声传译和书面翻译等高端英语人才仍然严重缺乏，全国各地人才市场频频告急，即使是北京、上海这些高级人才较为集中的地区也难以幸免。

（2）懂专业又能熟练使用英语的"双料"人才走俏。英语作为一种交流工具，显然比其他专业具有更广泛的适用范围。但由于长期以来受"重文史、轻科技"的英语教育的影响，英语人才难以满足当前经济、科技等各项事业迅猛发展的需求。现在，我国懂英语的人很多，但由于英语专业人才缺乏相应专业知识或技能背景，因此难以胜任大量工作。机械、化学、工艺、软件等专业的技术工程师本身就十分紧缺，懂英语的就更稀有了，因此，想找到符合企业要求的、既具备专业知识又能熟练使用英语的工程技术人才是很难的。

2.个人需求

据调查，在语言学习方面，当前学生渴望形式多样的语言输入，渴望真实、实用、有时代感的学习内容。他们期望提高英语学习能力和用英语交流的实际能力，希望英语学习能满足自己提高文化素养和专业水平的需要。但实际教学中，为了完成教学任务，教师的教学常常拘泥于教材内容，有的教师以教材、教学课件作为教学内容，在课堂上"照本宣科"，导致教学只是教教材。

根据一项全国的英语教学满意度调查：学生认为自己进入高职院校后英语水平没有提高和有所下降的占到 62%（其中有些下降的竟然占到 36.5%），对高职英语教学勉强满意和不满意的要占到 54%，认为需要学的东西没学到的占到 50.7%。再次调查时，在回答"比较三年前刚入校时现在的英语水平如何"的问题时，认为有提高和有些提高的占到 55.7%，基本没有提高和有些下降的占到 44.3%（其中有些下降的占到 21.1%）；回答对高职英语教学基本满意和比较满意的占 47.4%，而勉强满意和不满意的占到 52.6%。

以上数据虽然令人震惊，但它说明了当前我国高职英语教学的现状：教学脱离了社会发展的需要，甚至是不能满足学生自身学习的要求。

（二）原因分析

造成我国高职英语教学"滞后"的原因是复杂的，主要有：

1.高职英语基础教育的定位在某种程度上使教学脱离了社会的需要

现代社会对外语人才的要求是既懂专业又能熟练使用外语，但受高职英语教学语言基础定位的影响，长期以来，我们的高职英语教学和中、小学英语教学一样，一直在打基础而迟迟不能与专业挂钩，导致有的高职学生毕业时连最基本的专业术语都不会说，这样的学生怎能胜任需要专业英语的工作岗位呢？由此可见，只注重普通英语教学而忽视专业英语教学在某种程度上制约了我国高职英语的发展。

2.应试教育违背了语言习得和学习规律

目前，我们国家的教学模式基本上还是应试性的，英语教学也不例外。初中教学是为了考高中，高中教学是为了考大学，但高职英语教学应该为什么呢？很遗憾，在考试指挥棒的作用下，我国的高职英语教学不是为了学以致用，而是围绕考试进行，导致学生的英语学习仅仅是为学校考试，为大学英语四、六级考试，甚至是为雅思、托福等出国考试，而置社会需要和专业需要于不顾。

由于应试教育不能提供足够的言语输入，也不利于激发学生的学习动力，因此不能提高学生的语言运用能力。目前我国普遍存在的应试性英语教学模式可以说是违背语言习得和学习规律的，而不能有效提高学生的语言运用能力，因此，必然也必须进行改革。

（三）改革的趋势

在我国，英语教育是基础教育，基础教育必须满足国家和个人争取发展的实际需要。因此，高职英语教学必然要继续改革。2007 年正式颁布的《大学英语课程教学要求》（以下简称《课程要求》）提出培养学生的英语综合应用能力，并明确要求各高等学校应参照《课程要求》并根据本校的实际情况，制定科学、系统、个性化的英语教学大纲，指导本校的英语教学方式。这为各高职院校在进行改革时发挥主观能动性提供了空间。

目前，全国各高职院校正在轰轰烈烈地开展高职英语教学改革。要设计出基于本校的、科学的、系统的和个性化的高职英语教学大纲和实施方案，首要任务是了解学习者、教师、社会等各方面对高职英语教学的需求。

因此，为了适应各方面的需求，高职英语教学改革的趋势是：

1.逐步下移高职英语基础教育重心，整体考虑我国英语教学体系

我国的高职英语教学是以基础英语为导向的，虽有前后多次改革，但都是在能力培养的层次或次序上进行变化和调整，也就是说始终没有在英语使用上有新的突破。由于高中英语和高职英语在培养目标、课程设置和教学要求等诸方面都基本接近甚至雷同，所以随着高中新课标的贯彻和中小学英语教学质量的提高，高职英语和高中英语的界限也在逐渐变得模糊。

随着高中英语新课改的实施，新英语教材的词汇量有了大幅增加。显然，《课程要求》所规定的大学生必须达到的一般要求的学习任务将有望在高中阶段大部分完成或全部完成。这样，从小学到高中，通过 12 年的英语教学，学生在高中毕业时打下较为扎实和全面的英语基础，尤其是在听、说等基本技能方面有重大突破。进入大学的学生不必再花两年甚至更多的时间学习基础英语，可以直接过渡到专业英语的学习，或只需对他们稍加训练，即可转入同时提高英语应用技能和实际国际交流能力的学习和训练。高职英语教学的基本框架将有实质变化，从而为决策者实现从整体上考虑我国英语教学体系的目标奠定基础。

2.英语教学同专业结合，走专业化发展道路

目前，我国的高职英语处于高中英语和英语专业的夹击之下。一方面，现阶段高职英语学科发展的空间受到限制；另一方面，社会对专业人才英语水平的需求不断高涨。在这种形势下，高职英语同专业结合、走专业化发展道路不仅满足了社会需求，同时也为自己找到了新的、顺应社会发展的时代方向。

中学培养基本英语能力、高校结合专业进行提高，是我国未来高职英语教学改革的方向。事实上，高职英语教学把重点转移到专业英语上并不妨碍打基础，相反还会从应用的角度巩固和完善基础，真正体现"用中学"。

3.淡化应试教育，建设多元化、多层次的高职英语课程体系

我国幅员辽阔，各地区、各高职院校之间情况差异较大。高职英语教学应贯彻分类指导、因材施教的原则，以适应个性化教学的实际需要。但现行的高职英语课程设置难以贯彻因材施教的原则，难以调动学生的积极性，虽然有的高职院校采取了分级教学，但仍然没有从根本上摆脱高职英语课程"综合性"的桎梏。因此，在新的形势下，开展个性化和多元化的教学模式，贯彻分类指导的教学原则已成为当前我国高职英语教学改革的新方向。

三、科学的高职英语教学改革观

什么是科学的高职英语教学改革观？可以从四个方面来认识：认清高职英语课程的性质，明确高职英语教学的真实需求，加强师资队伍建设，建立科学的高职英语教学评估体系。

（一）认清高职英语课程的性质

高职英语教学是高职教育的一个有机组成部分。高职英语课程是高职学生必修的基础课程，是以外语教学理论为指导，以英语语言知识与应用技能、跨文化交际和学习策略为主要内容，并集多种教学模式和教学手段于一体的教学

体系。高职英语不是单纯由每周若干课时组成的一门课，而是由综合英语类、语言技能类、语言应用类、语言文化类和专业英语类等必修课程和选修课程有机结合的一个教学体系，自然也包括教学手段在内。

此外，高职英语课程兼有工具性和人文性。"工具性"是要求与专业相结合。因为高职英语应该为专业服务，才不枉各专业将其列入培养方案中，且在专业课时十分紧张的情况下占用约 10%的学时比例。"人文性"是指作为现代高职学生，外语（尤其是英语）能力是能力结构和知识结构中不可或缺的成分，是帮助学生理解西方文化、世界文化，进行跨文化交际所必须具有的。

（二）明确高职英语教学的真实需求

在认清了高职英语课程的性质之后，还要明确高职英语教学的真实需求。这是一个被长期忽视的问题，一般认为已经解决了；或者说是教学主管部门根据自己的判断，给高职英语设想了一个需求。有学者曾这样描述人们对高职英语课程目标的理解：让学生学点英语而已，作为素质教育的一部分，对于一些学校校长和教务处长，高职英语教学的管理就是看学生大学英语四、六级考试的通过率。实际上，现在社会各界对高职英语教育的不满意，归根到底就是高职院校对高职英语课程的需求不清楚，从而导致相关人士都觉得自己想要的没能实现，因而不满。

高职英语教学的真实需求是：培养学生的英语综合应用能力，特别是听说能力，使他们在今后学习、工作和社会交往中能用英语有效地进行交际，同时增强其自主学习能力，提高综合文化素养，以适应我国社会发展和国际交流的需要。

学习英语是交际需求，而且是学习、工作、社会交往三方面的交际需求。据统计，高职院校毕业生就业后真正需要用到英语的不到 50%，在社交中需要用到英语的比例更低，而继续学习需求却随着不断升温的出国热日益突出。

学习英语是增强自主学习能力的需求。英语毕竟只是高职院校中的一门课程，课时有限。英语学习不可能完全靠课堂教学来完成，课堂只能起到引领作用，即所谓"师傅领进门，修行在个人"。因此，培养学生自主学习能力确实也是一种实实在在的需求。

学习英语是提高综合文化素质的需求。这一说法相对抽象，因为不学英语，文化素质也是可以提高的，但是，学习英语可以促进综合文化素质的提高。

综上所述，学习、工作、社会交往三方面的需求似乎很清楚，但实际上很模糊。学习需求，是什么样的学习需求？在高职英语教学中如何满足这种继续学习的需求？近些年不断被讨论的学术英语，旨在帮助学生具有专业学习能力，但问题依然存在。高职英语学习更适合通用英语还是学术英语？通识英语还是专业英语？是关注个性化学习需求还是专业学习需求？

在过去十几年中，高职英语教学改革的重点转为以听说为先，似乎是为社会交往所需。但对于工作需求，我们的高职英语教学管理者、教师甚至学生自己也很难真正知道学生今后工作中会有什么样的英语需求。

上海电力大学的余樟亚老师曾做过一个行业英语需求调研，让人深受启发。调研发现，作为行业特色比较明显的高校，上海电力大学每年平均有30%左右的学生进入电力系统，其中有的专业可达到80%以上，但是这些进入电力系统的学生所学的英语却无法满足行业需要，由此可见需求调研是必需的。通过网络查阅发现，关于此类需求分析的文章不少，但大多是对需求分析理论的引介和阐述、重要性的强调、需求分析方法的介绍以及用需求分析理论评述某些英语课程等方面。极少数的需求调研实例，也主要集中在对英语学习者自身感受到的需求，以及毕业生就业到岗后对英语需求的主观感受上，而完全基于具体行业对英语的客观需求调研实例几乎没有。然而，不了解行业英语需求，来谈为社会交际、为工作需要进行英语教学就成了无源之水。

该调研针对的是电力能源行业对英语的需求状况，包括以下三类信息：①行业岗位招聘对英语的需求；②行业岗位工作对英语的需求；③行业岗位培训对英语的需求。这三类信息实际上包含了"进入行业—岗位工作—业内提高"整个行业活动过程中对英语能力的目标情景需求，可以为高职英语教学改革带来启示。

调研发现：国内电力能源行业岗位招聘均对英语有一定要求，其中有引进设备和涉外项目的企业对英语要求更高，除西藏之外全国所有省级电力企业对应届毕业生的英语要求均是大学英语四级考试 425 分以上。事实上，招聘时对英语的需求，在其他行业也不同程度地存在着。另外，就岗位能力外语需求而言，调研的相关大型电力能源企业，员工岗位能力结构对外语（主要是英语）有明确要求。调研报告中具体规定了与各岗位相对应的 9 级外语要求。

最低的外语 1 级要求是：粗浅地掌握一门外语，能借助词典或其他工具大致读懂简单的专业文档；能看懂本岗位常用进口设备上外文铭牌和操作指示。

外语 5 级要求是：能独立阅读外语文档，参阅国外专业资料；能翻译本专业的技术资料、专业说明书；能用外语进行简单交流；至少独立完整地翻译过一套设备的技术文档与说明书。

最高的外语 9 级要求：精通一门外语，能与外籍专家讨论艰深的专业问题，并自由地表达思想；能在同行会议中充当翻译；能够应对纯外语工作环境；在无翻译的情况下至少技术性出访一次；至少独立进行过一次技术性谈判和参与过一次技术性交流会议。

此外，对岗位英语培训需求，全国电力能源企业都在开展各种类型、各个层次的英语培训活动。一方面是为了适应电力能源系统对英语人才不断提高的需求，培养员工具备对外交流能力，能够承担对外服务任务以及对外进行技术与学术交流，重点提高员工对行业英语的听说、阅读、翻译、写作能力。实际上，如果高职英语教学采用一些行业英语语料，那么这些任务高职院校也是可以承担的。另一方面，企业对员工的英语培训也是弥补员工在学校期间英语学习的不足（尤其是听力与口语）。

该调研得出的几个结论如下：①全国大学英语四级考试依然是用人单位招聘时采用的决定性依据；②特殊岗位需求仅靠基础英语教学远远不够；③行业岗位英语要求描述可以作为高职英语教学内容的重要参考；④在现阶段，听、说、读、写、译基本技能训练依然是高职英语所需要的；⑤应从员工自身发展角度补充实用性英语教学内容。

（三）加强师资队伍建设

若上述基于需求分析的这种趋势判断是正确的，则高职英语教学改革的第三个要点便是师资队伍建设，这是成败的关键。自改革开放以来，高职英语教学的成绩不可否认，这要归功于在一线辛勤教学的广大英语教师。当历史发展对高职英语教学提出新的要求时，同样要靠教师来完成这一使命。

目前来看，高职英语师资队伍建设面临着不少棘手的问题。

首先，是高职英语教师的学科归属问题。相关学者曾提出，因多方面的原因，高职英语无论是课程建设还是教师发展，都脱离了学科建设，这在高职院校里是很难体面地生存的。由此而产生的校本认同、学者认同以及学生认同问题接踵而至，不是被学术边缘化，就是被学科看不起。从事这门课程教学的教师始终有低人一等、无学科依托、学术身份不明、不知如何发展的问题。改变这种局面应该成为高职英语教学改革的一部分，甚至是先决条件，因为没有了高职英语教学改革的主体——高职英语教师的积极性，教学改革就难以进行。

其次，高职英语师资队伍建设涉及团队和个体两个层面。团队层面主要是优化结构。目前各高职院校英语师资队伍普遍存在学历层次不高、职称层次不高、女教师（尤其是 40 岁以下女教师）比例过高等情况。该如何进行优化？很多专家提出了很好的建议，如：①顶层设计，统筹规划；②开发课程，建设小组；③按需进入，微调到位；④提升学历，不失时机。

关于高职英语师资队伍个体层面的建设，高等学校外语专业教学指导委员会进行过一项"高职英语教师的职业发展现状及其影响因素分析"，结果发现，现在有 4 种类型的高职英语教师："探索者""奋斗者""安于现状者"和"消沉者"。这实际上关系到教师的职业责任意识及个人奋斗意识。我们应该创造条件鼓励"探索者"和"奋斗者"，激励"安于现状者"和"消沉者"。

（四）建立科学的高职英语教学评估体系

任何教学都可以进行效果评估。之前对大学英语四、六级考试的取舍有各种不同的声音，笔者在此判断：不会取消，但会改革。据说，以后高职英语教学综合评估体系会是"1＋N"。这里的"1"代表全国大学英语四、六级考试，"N"则是各类专项英语考试。显然，这将会改变一考独大的局面，体现出王守仁曾说过的：评估主体多元化，评估内容多类型，评估手段多样化。

第六章 大数据驱动下
高职英语教学模式的转型

当前，人们正在运用大数据技术进行教育体制、教育模式的改革，而这种改革在高职英语教学中也有明显的体现。大数据技术的运用拓宽了高职英语教学的时空界限，提高了高职学生学习的兴趣和积极性。传统的高职英语教学模式已经不能适应大数据时代的要求，因此亟须进行变革，而这时新的教学模式登上舞台。本章就从多模态交互教学、翻转课堂教学、线上线下混合式教学几大创新模式入手展开分析。

第一节 多模态交互教学

一、多模态交互教学的内涵

从语言学习的特点出发，20 世纪 90 年代，西方学者提出了多模态话语理论。这一理论指出，语言属于一种社会符号，音乐、绘画等非语言符号对语言意义的生成有着重要的影响。各种语言符号与非语言符号模态之间既是相互独立的关系，也是相互影响的关系，共同生成语言意义。根据多模态语言理论，语言的输入、输出会受到多种符号模态的影响，因此在英语教学中，可以将多种符号模态融合起来，结合音乐、图像、网络等形式，丰富英语课堂，调动学生学习的积极性与主动性，进而使学生交互式地学习英语，达到使学生对英语的充分记忆以及恰当应用的目的。

在大数据驱动下，教师采用多模态交互教学，可以充分运用网络多媒体等手段，创设各种语言学习情境，让学生真正体会到语言学习的乐趣，多渠道地激发学生的听觉、视觉等感官，为学生提供全方位浸染式的环境，促进学生不断提升自身的语言技能。

多模态交互教学强调采用多种手段，具体来说是运用网络多媒体技术，开展角色扮演、图片展示等多种互动方式，调动学生学习的积极性，将听、说、读、写、译等各项技能结合起来，激发他们学习的兴趣。

二、高职英语多模态交互教学的基本原则

（一）客体适配原则

在高职英语教学中，师生分别处于教授与学习的主体地位，对应的客体则是教授与学习中使用到的工具，如多媒体、教材等。所谓的客体适配，即根据多模态交互教学的需要，提前选择能够支持教学工作的材料。例如，在听力课堂上，教师需要提前下载一些听力材料，然后运用多媒体进行播放；在阅读课堂上，教师可以给学生推荐一些阅读性强的著作。

当然，日常的教材讲解需要教师在备课时制作多模态PPT。从教材内容出发，将其中涉及的重难点知识，在PPT上配合动画、图片等加以展示，这能够将教材这一客体的适配性发挥出来，并能够激发学生学习的积极性，以及提高教师教学的质量和效率。

（二）主体适配原则

如前所述，教师与学生处于教授与学习的主体地位。

就教学层面而言，教师在对多模态符号进行收集与整理的过程中，应该转换自己的身份与角度，尽量从学生的视角出发对多模态符号内容进行选择。例如，所选择的动画、图片等要与当代大学生的认知规律、兴趣爱好等相符合。这样才能使课堂具有吸引力，便于教师开展教学工作。

就学习层面而言，学生需要在接收到 PPT 的模态符号之后，将自己的感官调动起来。例如，当教师在 PPT 上播放听力材料时，学生需要将自己的听觉感官充分调动起来；当教师在 PPT 上展示图片等内容时，学生需要将自己的视觉感官充分调动起来。

一般情况下，坚持主体适配原则，对于构建多模态交互教学模式、提升师生之间的默契度非常有益。

（三）阶段适配原则

英语学习本身是一个循序渐进的过程，阶段不同，学生的理解能力必然也不同。为了更好地将多模态交互教学的优势体现出来，教师在运用这一策略时，需要坚持阶段适配原则。

也就是说，教师要从实际出发，不断对模态组合的形式与教学模式进行调整。例如，听力部分是大学英语四、六级考试的重要测试内容，也是学生英语核心素养培养的一项重要内容。运用多模态互动教学模式开展听力教学时，第一阶段需要根据班级学生的水平，选择恰当的听力材料，不宜过难，也不宜过于简单。同时，教师需要提前检查一遍，尤其检查里面的信息是否全面、语速快慢是否适中、问题的设置是否合理等。第二阶段是在播放听力材料时，教师要时刻观察学生的注意力情况，看学生是否出现眉头紧锁等情况，这样有助于教师对难度加以判断。第三阶段是从听力材料出发来讲解。这一教学模式实现了音频模态、口语模态、文字模态的多方组合。

三、高职英语多模态交互教学的意义

在高职英语教学中，网络技术与大数据技术的作用日益凸显，可以说这些技术改变了教育的理念与方式。在大数据背景下，高职英语教学应该充分利用网络与多媒体技术，将多种符号模式如图像、语言、网络等融入教学之中，利用多种模态将学生的各种感官激发出来，充分调动学生学习的积极性。

英语是高职院校一门重要的公共基础课，但是对于大部分学生来说，原有的英语课堂是非常枯燥的，导致他们的学习效果不理想。当前，由于网络与大数据的出现，一定程度上突破了教学的界限，采用音频、视频、微信等资源开展高职英语教学，为高职英语教学注入了新的活力，也为学生增添了学习的自信心与动力。

在高职英语教学中，对网络资源的合理运用可以刺激各种感官，让学生参与到学习之中，更深层次地理解英语词汇、语法等知识。只有让学生成为高职英语课堂的主人，积极主动地探索知识，才能使学生更好地学会知识。

另外，在传统的高职英语教学中，教师提供的信息是非常有限的，很难与学生的个性需要相符合。多模态化网络的融入，可以解决教师的这些问题，教师可以利用大数据资源，为学生创设真实的平台，让学生调动多方感官，自主、轻松地提升个人的语言能力。

互联网已成为教师教学的重要工具，充分利用互联网及多模态交互教学模式势必对高职英语教学产生巨大的影响和推动作用。

四、高职英语多模态交互教学的构建策略

大数据时代的到来为高职英语教学中引入多模态交互教学提供了基本的条件。无论你身处何方，都可以摆脱时间与空间的限制，对网络资源进行合理的利用；还可以从自身的兴趣与爱好出发，浏览网页、观看视频等；也可以参

与在线讨论。

高职英语多模态交互教学作为一种新型模式，充满着活力，在大数据背景下必将日益完善。下面就来具体论述高职英语多模态交互教学的构建策略。

（一）充分利用多媒体资源

多媒体技术被引入高职英语教学中，是高职英语教学的一项重要变革。多模态交互教学强调将学生的各个感官调动起来，实现英语学习的目标。多媒体课件能够将文本、图片、音频、视频等相结合，教师如果要制作一个多媒体课件，需要精心准备，从不同的教学内容与任务出发，收集各种资料，进而进行整理与设计，制作出符合学生需求的、真实的多媒体课件。

学生的阅读对象不仅包含文字与图片，还包含大量的视频等资料。多媒体课件以其鲜明的特点、丰富的资源、生动的情境等，将学生的主体性调动起来，让学生在学习中真正成为信息加工的主体。教师在设计教学内容时，可以将电脑、音响等设备利用起来，对学生的多种感官进行刺激，以增强他们对知识的理解。

对多媒体课件进行合理的利用，有助于调动学生的多种感官，激发学生的学习兴趣与积极性，为他们营造良好的学习氛围。

（二）建设多模态化英语网络空间

随着网络技术与大数据技术的不断发展，当前我们的"信息高速公路""论坛""校园网"等日益丰富，也被人们熟知，显然，网络时代与大数据时代已经到来。当前，各高职院校开始对自己的网络空间进行构建。网络空间教学指的就是师生运用网络平台，开展交互活动。各高职院校可以在网络平台上创建实名认证的空间页面，师生在空间平台上进行学习和互动沟通。2015 年，河南牧业经济学院创建了网络教学平台系统，这一系统是在 Sakai 教学平台的基础上研发的远程教学系统，该系统通过课程空间、课程大纲与资源、论坛等形式，在师生与学习内容之间建构多元化的交互渠道，将学生的多个感官激发出来，为学生创设一个真实的虚拟课堂体验环境，从而有效地实施多模态交互教学。

实施英语网络空间教学之后，师生之间可以摆脱时空的限制，在即时问答、论坛等多个项目下开展互动，这不仅加深了教师对学生的了解，还能够使彼此的关系更为融洽。通过网络空间，教师可以批改学生的作业，学生也能够在规定时间内随时将自己的作业提交上去，这不仅节省了纸张，还为师生提供了一个互动的平台。

当然，网络空间平台发挥作用的关键在于学生能够积极参与。学生需要登录到网络空间中完成作业、书写心得，也可以向其他伙伴分享自己的学习音频、视频等资料，这就让学生真正地成为学习的主体。在网络空间平台上，学生将自己的感官调动起来，激发自己学习英语的兴趣，提升自己的学习效果，实现自己的学习目的，这也是多模态交互教学有效实施的体现。

此外，网络空间还可以实现资源共享，最大限度地将英语教育资源呈现出来，实现在线网络授课。所有教学过程可以在网络空间公开，这能够激发教师的创新意识，真正地实现高职英语教学的全方位改革，促进每一位教师努力建设好自己的教学空间，加强教师与教师之间的竞争，实现师生之间、教师与教师之间的交流。在高职英语教学中，教师应该营造多模态网络空间，将多模态网络空间教学的效果发挥出来，对多模态网络空间教学活动进行优化，实现大数据驱动下高职英语多模态交互教学。

第二节 翻转课堂教学

一、翻转课堂教学的内涵

关于翻转课堂，大家对其最朴素的解释就是，将传统的课堂学习和课后作业的顺序进行颠倒，即将知识的吸收从课堂上迁移到课外，知识的内化则从课后转移到课堂上，学生课前在网络课程资源和线上互动支持下开展个性化自学，课堂上则在教师引导下通过合作探究、练习巩固、反思总结、自主纠错等方式来实现知识内化。

随着教学过程的颠倒，教与学的流程、责任主体、师生角色、课内外任务安排、学习地点和备课方式等都发生了明显变化。与传统意义上的课堂教学结构相比，翻转课堂颠覆了人们对课堂模式的思维惯性，改变了学生的学习流程，从新的角度揭示了课堂的新形式、新含义。有人认为，翻转课堂打破了持续几千年的教学结构，颠覆了人们头脑中对课堂的传统性理解，倡导先学后教、以学定教，赋予了学生更多的自主性和选择性，强化了师生之间的沟通与交流，实质上是学生学习力解放的一次革命。翻转课堂也因此被称为传统教学模式的"破坏式创新"，成为信息技术与学习理论深度融合的典范。

二、高职英语翻转课堂教学的意义

翻转课堂教学为高职英语教学提供了新的平台，从本质上表现了英语教学改革的深化，帮助英语教学突破困境，为学生的英语学习提供便利。下面就具体分析高职英语翻转课堂教学的意义。

（一）使教学更加直观和简单

在传统的高职英语教学中，教师的教学内容是以课本为主，呈现方式也是以板书为主。这种教学方式对学生来说不仅不够直观，还不利于学生理解相关知识。如果仅限于传统的课堂教学模式，根本无法很好地培养学生的英语运用能力。翻转课堂借助多媒体技术，将相关的文字、图片、音乐等融入教学视频，使得原本晦涩难懂的英语知识变得直观和简单，也使原本沉闷的课堂教学变得生动活泼。

（二）使教学更具多样性和趣味性

用于翻转课堂的教学视频的制作对教师的专业能力有着很高的要求，要求教师制作的视频内容简洁、形式多样、幽默丰富等。基于这些要求和特点，翻转课堂提高了高职英语教学的趣味性，它不仅能创造良好的学习环境，还能激发学生的学习兴趣。此外，很多翻转课堂教学视频涉及的内容十分广泛，包括英语音乐、英文电影、英语小说等，这些内容与课程教学息息相关，使得教学形式生动形象，更加多样化。

（三）提升了学生的主动意识

在翻转课堂教学中，师生之间的互动频繁，学生的主观能动性被充分调动，并掌握着学习的主动权。基于翻转课堂教学模式，学生可以根据教师提供的资源先进行自主学习，还可以在课堂上与教师展开学习方面的探讨，进一步深化与掌握知识内容，这深化了学生的主体地位，淡化了学生对教师的依赖性。

（四）加深了学生之间的互动

翻转课堂改变了传统教学模式中师生之间的相处方式，教师与学生之间形成了一对一的交流。如果学生对某一知识点存在困惑，那么教师可以将这些学生集中起来，对他们进行特别指导。另外，在翻转课堂中，教师不再是学生知识的唯一来源，学生与学生之间可以进行互动学习。

（五）能够使学生反复学习

在传统的高职英语教学中，教师不可能兼顾所有学生的需求和感受，只能按照教学大纲要求统一进行授课，这就会使部分学生跟不上教师的节奏，无法掌握课堂教学内容。而翻转课堂教学可以解决这一问题，在翻转课堂中，学生可以随时暂停、重放视频，直到自己看懂、理解为止。

三、高职英语翻转课堂教学的构建策略

翻转课堂作为一种颠覆传统课堂的教学模式，其教学设计过程当然不同于传统教学设计过程。目前国内外出现了各种各样的翻转课堂教学，它们都建立在课程资源、教学活动、教学评价和支撑环境这些要素的基础之上，翻转课堂教学的设计亦以此为根据。

（一）设计英语教学过程

美国创新学习研究所（Innovative Learning Institute, ILI）提出了翻转课堂设计过程。ILI 认为，翻转课堂的设计过程主要包括确定学生课外学习目标、选择翻转内容、选择内容传递方式、准备教学资源、确定学生课内学习目标、选择评价方式、设计教学活动、辅导学生八个环节。

1.确定学生课外学习目标

高职英语教学中翻转课堂教学过程的设计首先要确定学生的学习目标。翻转课堂将课内教学和课外教学进行了颠倒，学生总共需要完成两次知识内化过程，第一次知识内化是在课外自主学习新知识，第二次知识内化是在课内完成的。显然，课内和课外对学生的要求是不同的，学生需要在课内外实现不同的学习目标。

2.选择翻转内容

在确定了翻转课堂的课外学习目标后，就要结合学生自身的认知规律和特点去选择课外自主学习的内容。

3.选择内容传递方式

选择内容传递方式是指确定学生的自主学习内容通过什么媒体工具表现出来。教师要结合特有的接收设备情况、学习者的地理位置、学习内容的形式和资源大小等因素，选择传递内容形式丰富、传递速度快、获取方便的内容传递方式。

4.准备教学资源

在明确了学习内容及其传递方式后，就可以收集相关的网络学习资源供学生学习，或者开始制作、开发新的相应的学习资源。在该环节需要注意，无论是利用已有的学习资源，还是自己开发新的学习资源，均要与先前确定的学习内容保持一致，并且资源的形式、大小等要求也要和传递工具相匹配。

5.确定学生课内学习目标

第一环节确定的是学生课外学习目标，是针对低阶思维技能的学习目标；本环节确定的是学生课内学习目标，是针对分析、评估和创造等高阶思维技能的目标。因为在课外，学生能参与的更多是培养其识记、理解和应用等的学习内容；而在课内，学生是通过与同学和教师面对面地交流、讨论，开展协作探究等活动。所以，这一环节的学习目标与第一环节的学习目标有所不同。

6.选择评价方式

在教学正式开始前，教学中的主体者和主导者，即学生和教师都要对课堂教学活动提前做好充分的准备。对于教师而言，选择一种合适的评价方式非常重要。低风险的评价方式应该是教师的理想选择，它是指不对学生的评价结果进行分数、等级的评比，而仅作为发现学生学习问题的一种教学评测方式。通过低风险的评价方式，教师可以发现学生学习的真正难点，以便教师和学生调整教学计划和学习计划。低风险的评价方式有很多，其中一种就是常用的课前小测验，这些小测验的题量并不多，一般只有 3～4 个问题，针对的是学生在课外自主学习的内容，其不仅仅是检测学生在课前学习的事实性知识，而且更重要的是为学生提供了一个综合应用所学知识的机会。通过课前小测验，教师能及时地把测验中出现的问题反馈给学生，学生也可以向教师提出自身遇到的问题，并通过与教师交流促进问题的解决。

7.设计教学活动

如前所述，课外的学习内容和活动主要帮助学生解决识记、理解类的知识，在课内则是帮助学生解决学习难点，并充分运用所学知识，学习更深层次的内容。在通过课前评价了解到学生真正的学习难点后，教师需针对性地设计具有导向性的课堂教学活动，以便更好地培养学生分析、评估和创造等高阶能力，可采用基于项目的学习、基于问题的学习、协作探究学习等形式。

8.辅导学生

教师作为教学的主导者，在各种形式的教学活动中都要充分发挥自身的主导作用，只有这样才能取得良好的教学效果。具体而言，在进行教学活动时，教师需提供相应的"脚手架"，为学生更好地开展活动提供必要的支持。此外，在必要的时候，教师还应该为某些理解学习内容和活动有困难的学生提供个性化的辅导。在整个学习活动中，教师需对提出疑问的学生给予及时的反馈，在学生汇报学习成果或学习结束后，教师要进行统一的总结反馈，以促进学生进行知识的内化和升华。

（二）开发英语教学资源

1.支持信息化教学资源

广义的教学资源是指用于教与学过程的设备和材料，以及人员、预算和设施，包括能帮助个人学习的任何东西。随着信息技术的发展，信息化教学资源的概念出现了，它是指在以网络和计算机为主要特征的信息技术环境下，为教育目标专门设计的或者能为教育目标服务的各种资源，包括教育环境资源、教育人力资源和教育信息资源。

随着信息化资源的发展与教育应用，翻转课堂教学主张才得以提出。从上述翻转课堂的完整过程可知，支持翻转课堂需要用到的信息化教学资源主要包括教学视频、进阶练习、学习任务单、知识地图和学习管理系统五大类。

翻转课堂教学的实施，不仅需要上述教学资源作为主要资源，还需要借助一定的教学辅助工具，该类教学资源几乎贯穿翻转课堂的全过程，其作用主要是帮助教师进行教学视频的制作、师生间的交流协作、学生学习成果的展示等。可以将教学辅助工具大致分为视频制作工具、交流讨论工具、成果展示工具和协作探究工具四类。

2.遵循资源选择的基本原则

翻转课堂的资源包括教学视频、进阶练习、学习任务单、知识地图、学习管理系统和各类教学辅助工具等。每一类资源都不是完美的，不存在放之四海而皆准的资源。每一类资源都各具特点，并且可供选择的具体资源种类、载体类型众多，因此教师应根据教学实际需要选择合适的翻转课堂的教学资源。一般而言，翻转课堂教学资源的选择需遵循最优选择原则，具有较强兼容性，由多种媒体组合。

最优选择原则是指教师根据教学内容和教学目标的要求，选择存储和传递相应教学信息并能直接介入教学活动过程的载体，就是选择教学资源。

具有较强兼容性是指众多便携式的移动智能终端在高职英语教学中广泛应用以后，高职英语教学不仅变得更加高效，还发生了一场变革。在这种情形下，翻转课堂理念变得普及起来，翻转课堂也得以在大范围内开展。实施翻转课堂产生的普遍现象是：学生利用各类移动终端设备，如平板电脑、智能手机等进行课外自主学习，课内教师利用移动终端设备进行授课。因此，资源载体的改变，迫使资源的形式也发生相应的改变。

多种媒体组合是指翻转课堂教学真正做到了以学习者为中心，这对后期的教学资源的选择有一定的指导作用。在选择教学资源时，教师应该考虑学生的兴趣、生活现实，尽可能选择丰富的教学资源形式，即有机结合文字、图片、音频、视频等多种媒体形式。

（三）设计英语教学活动

根据前面所述的翻转课堂的完整过程，翻转课堂教学活动设计包括课外学习活动设计和课内学习活动设计两个部分。

1.课外学习活动设计

翻转课堂的课外学习活动一般属于线上活动，主要包括以下三类：

（1）在线学习

在课外，学生通过阅读相关的电子书籍、资料或观看教师提前准备好的讲授视频，掌握并理解课程中的重要信息。在线学习主要有阅读电子教材和观看教学视频两种形式。有时为了加强学生对信息的理解，在线学习的材料还附加一些引导性问题、反思性问题、注释、小测验等，辅助学生进行自主学习。

（2）交流讨论

通过在学习管理系统中开辟一个专门的讨论区，或借助专门的在线交流工具，教师和学生以课外学习内容为主题展开交流和讨论。讨论主题既可以是教师预设的，也可以由学生创设。这样，一种教师在线辅导和学生自组织学习的学习模式就形成了。借助这种学习模式，学生掌握学习内容的速度较快，并且掌握的层次较深，从而为课内的学习活动做好准备。

（3）在线测评

在学生完成了新知识学习的任务后，可以进行在线测评。在线测评一般采用低风险、形成性的评价方式，不仅检验学生的学习成果，而且还提供一个学生反馈问题的机会。通过在线测评，教师和学生在课内教学活动开展前针对问题提前做好准备。

2.课内学习活动设计

根据翻转课堂的特点，影响翻转课堂教学效果的最主要因素是如何通过课堂活动设计完成知识内化的过程。在设计课堂活动时，关键要看情境、协作、会话等要素是否有利于学生主体性的发挥，从而促进学生达到高阶思维能力的目标。课内学习活动一般可以分为个体学习活动和小组学习活动。

第三节 线上线下混合式教学

一、线上线下混合式教学的内涵

大数据技术在教育领域广泛应用的大环境下,"教师主导＋学生主体"的教学模式在许多高职院校流行。如今,教学模式不仅要求灵活运用以教为主的教学策略和以学为主的学习方式,同时需要整合各种教学资源,要求教师进行相应的角色转变。

依据建构主义、情感过滤假设理论,结合教学实际,从语言知识、语言技能、情感态度、文化意识、学习策略五个维度综合考虑构建了适用于高职院校的移动平台翻转课堂授课、线上交互式数字课程学习、线下模拟场景实践、过程性与终结性评价结合的四位一体混合式教学模式,并绘制了基于网络交互式教学平台的混合式高职英语教学模式图(见图6-1)。

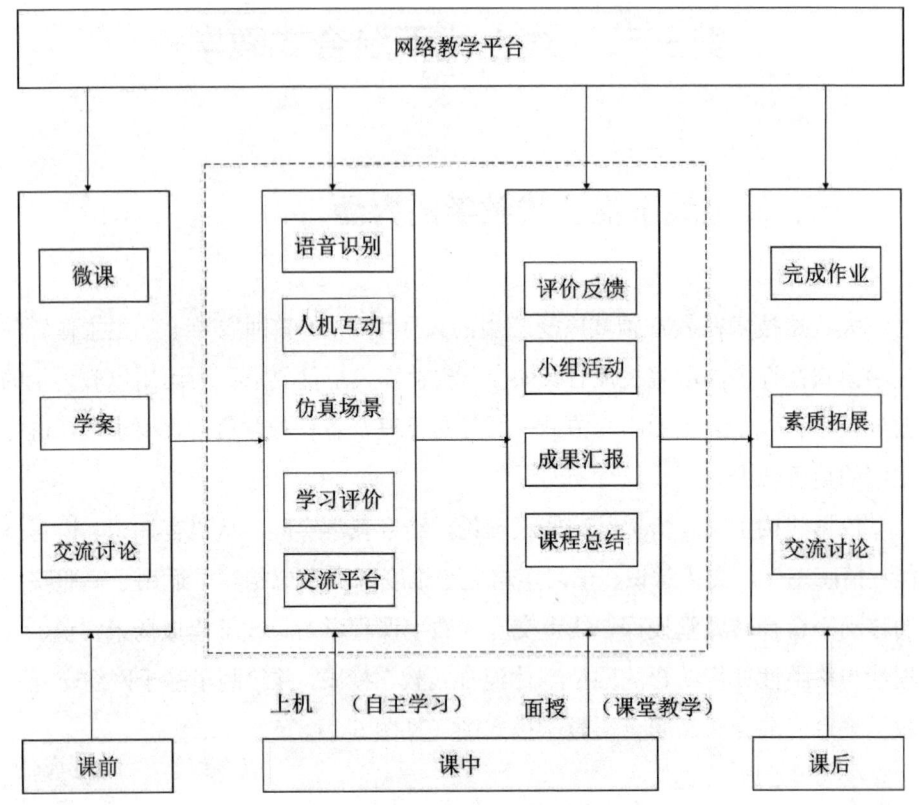

图 6-1　混合式高职英语教学模式

从图 6-1 中我们可以看出，在这个教学过程中，教师在教学环节中不再是过去的讲授者或灌输者，而转变为一个帮助者和支持者，教师在课前和课后的准备工作及评价工作中的作用远大于过去，而学生在课前、课中、课后均为学习的主体，这与过去的"教师讲、学生听"的教学模式有了很大的不同。

二、高职英语线上线下混合式教学的要素

（一）教学环境

1.创建媒体化课程教学环境

将媒体化课程教学环境应用于课程教学具有重要意义。在课程教学中，以传统教室为基础，有机结合诸多类型的教学媒体，通过屏幕投影将生动形象的多媒体教学信息如图片、视频、音频等直观呈现给学生，以优化教学过程，增强教学效果。

多媒体教室（多功能教室、多媒体综合教室、多媒体演示教室）是课程教学中运用最多的一类媒体化教学环境，也是新的课堂教学系统之一，它集中了很多现代化的教学设备，教师在课堂上运用这些教学设备将丰富的教学内容直观呈现出来，使学生更好地掌握教学内容，并加深对教学内容的记忆。

多媒体教室的教学功能有很多，结合课程教学，下面列举其中几个主要功能：

（1）常规教学

不管是传统的常规教学，还是多媒体教学，都可以在多媒体教室完成，这是多媒体教室综合性特征的重要体现。

（2）课堂演示教学

教学内容可以通过多媒体教室的教学设备投影到清晰的大屏幕上，以便学生直观地观察、学习；比赛场景或某个具体的项目动作等也可以通过多媒体系统来模拟演示。

教师通过这种方法直观明了地向学生传递教学信息，学生的感官受到刺激，学习兴趣自然就会提高，课堂教学效果与教学质量也会因此得到改善。

（3）对教学信息与资料进行搜索

学校的多媒体教室一般都是连接网络的，有的还与校园网相连，教师可以

在课堂教学中根据教学需要直接搜索所需资料，这能够为教师的教学活动与学生的学习活动提供便利，节约课堂时间，提高课堂教学效率。

（4）各种教学课件和软件的播放

教师可利用多媒体教学设备播放提前准备好的多媒体教学软件，进而使课堂教学效果得到强化与优化。

2.创建网络化课程教学环境

信息化教学的开展离不开网络化教学环境的支持。教师将网络通信技术、计算机技术充分利用起来，通过丰富的信息媒体资源向学生传递重要的教学信息与资源，以促进学生更好地进行自主学习与合作学习，提高课堂双向互动交流的效率和学生的学习效率。常见的网络化教学环境主要有多媒体网络教室、校园网、网络教学平台、远程教育网等。下面结合课程教学来分析多媒体网络教室与校园网。

目前来看，多媒体网络教室（多媒体网络机房、计算机网络教室）作为一种新兴网络教学系统，在我国各类学校的应用非常广泛。多媒体网络教室属于小型教学网络，由若干台多媒体计算机及相关网络设备互联而成，可以将其作为计算机机房使用，也可以将其作为多媒体演示室、视听室、语音室使用，这是多媒体网络教室的功能及应用形态的主要表现。要使用多媒体网络教室，一定离不开现代网络技术和多媒体技术的支持。多媒体网络教室在课程教学中的具体应用及功效主要表现在以下几个方面：

（1）优化教学结构，使学生有更多的实践机会

在课堂教学中，多媒体网络教室的软件可作为辅助教学手段，如教师口头讲解时，可用语音对话；示范动作时，可播放图片或视频，使学生看得更清楚。多媒体网络教室的设备还有监控功能，当学生自主学习时，教师可以检查学生的学习情况，发现其中的问题，从而对教学过程进行更合理的调控。学生如果在听讲或自主学习中有疑问，可利用电子举手功能向教师提问。教师可以利用辅导答疑功能来对学生进行个别指导，有针对性地解答学生在学习中的个别问题。另外，教师还可以组织学生交流经验、讨论问题，解答普遍存在的共性问

题。这样可以在一个整体的系统中将诸多环节联系起来，使课堂教学结构更加合理，而且学生在交互式的环境下有更多的机会去实践，学习效果会有所提高。

（2）丰富教学内容，提高课堂效率

教师制作多媒体课件，要以教学目标、教学内容及教学需要等为依据，在课件制作中分类建库，分类储备各种教学资料，如教案、图片、实验用具等，以便在课堂教学中快速调用这些准备好的资源。多媒体网络教室集图书室、资料室、实验室于一体，与互联网连接，在课堂教学中教师可以获得教学所需的资源信息或校园网上的共享资源，借助丰富的教学资源来创设教学情境，使教学时空进一步拓宽，这也有助于良好课堂氛围的营造。这种教学方式具有高密度、高效率的优势，可推动课堂教学效率的提高。

（3）丰富教学内容的表现形式

多媒体信息符号的表现形式有很多，如文本、图形、图像、动画、音频、视频等形式都很常见，这些常见的信息形式经过计算机的集成处理构成了多媒体信息结合体。在网络教室环境中可以用多种形式来呈现多媒体信息，教师要选择最适合、最有效的表现形式来讲授教学内容，可以单独使用某种表现形式来传递信息，也可以将多种表现形式结合起来传递教学信息，从而达到抽象理论具象化、静态知识动态化的效果，这有助于将学生的学习兴趣充分激发出来，对学生的学习能力及多元智能进行培养。

（4）可优化组合多种教学形式

在课程教学中，教师可将本校服务器中的多媒体教学软件结合起来进行全面教学，学生在自主学习中也可以对学校服务器中的学习资源进行自由访问，提高自主学习能力。另外，教师、学生查询与运用网上资源都可以达到实时性的效果，这有助于师生之间以某个特定主题或教学任务为中心而展开互动，从而更好地完成教学任务，使学生全面理解问题，这也为课堂中小组合作学习、自主探究学习以及讨论协商学习等多种学习形式的优化组合提供了便利。

（二）教学内容

1.创设情境，使学生在真实情境中掌握和运用知识

在传统英语教学中，往往从具体情境中将英语知识抽离出来，抽离出来的知识是抽象性、概括性的，虽然这样可以将具体情境中的"本质"内容（概念、规则、原理等）体现出来，但知识运用的具体性与情境性却被忽视了。这样学生虽然掌握了知识，却在具体的任务情境中或遇到现实问题时无法运用所学知识，学习结果无法顺利迁移到现实中。要使学习者在建构层面掌握所学知识，即不仅掌握知识的表面，也深刻理解知识表面所隐含的性质、规律及相关关系，最好为学习者创造真实或接近真实的情境，使学习者在亲身参与中去感受、体会，获取直接经验，而不是从教师的口头讲解中去获取。

对此，在信息化英语教学设计中，英语教师要注重对真实问题情境的创设和对真实任务的设计，使学习者尽可能在真实的情境中完成所有学习活动。这里要注意一点，真实情境与现实情境不同，不一定要真实客观存在，情境有很多种类型，如基于学校的情境、基于自然或社会生活的情境；想象虚拟的情境、真实现实的情境等。在英语课堂教学中不管是创设哪种类型的情境，都只有一个原则，就是使学习者能够经历类似于真实世界的认知挑战。

2.利用学习资源为学生的自主学习和协作学习提供支持

在信息化英语课程教学设计中，要将丰富多彩的信息化学习资源提供给学生，并在学生获取学习资源、分析处理学习资源、编辑加工学习资源的过程中提供引导与帮助，从而为学生的探索学习、分析解决学习中的问题提供支持。有些学生对信息化学习资源不熟悉，也不习惯运用，对此，教师要加强对信息化资源的普及，不断鼓励学生使用信息化资源，使学生充分认识到这些学习资源给其自主学习带来的便捷与好处，然后借助现代信息化学习资源来更好地进行自主学习、合作学习。

3.为学生提供有效引导、支持

信息化英语课程教学设计强调学习者充分发挥自身的主体作用，主动学

习、主动探索，但因为学习者的知识结构还比较单一，认知水平还比较低，也缺乏实践经验，所以在学生自主学习的过程中，教师也要适当地对学生进行指导，在关键时刻给予学生帮助，如为学生提供丰富的学习资源、反复示范正确的技术动作、为学生提供咨询服务、创设问题情境启发学生思考与探索等，对于那些自我调控能力差的学生，尤其要给予引导和帮助，以免学生因不熟悉新的内容或在学习中受挫而消极被动学习，影响学习效果。

4.强调协作学习

信息化英语课程教学设计强调英语教师要重视设计协作学习方式，包括学生之间的协作、师生之间的协作、学生与他人之间的协作、各主体之间面对面的协作以及在计算机信息技术支持下的信息化协作等。协作学习不仅是学习者发展的需要，也是社会发展的需要，因此信息化教学设计特别强调协作学习。现在，社会分工的细化趋势越来越明显，知识增长也极为迅速，需要协作配合才能完成的工作越来越多，所以在现代人才的评价中，将协作意识与合作能力作为一个重要评判标准。

不同的学习者有不同的成长经历和知识经验，面对同一知识或问题，不同学习者的理解可能不同。学习者个人的理解可能存在局限性，或者说比较片面、肤浅、不充分、不完善，也有可能就是错误的。而通过协作学习，学习者相互沟通交流，每个学习者充分表达自己的看法与见解，同时接纳他人的不同看法，在这个过程中学会聆听、接纳、互助、共享，在不同观点的碰撞中更好地理解知识与问题，这时的理解比之前个人的理解更充分、全面、完善、深刻。

5.在学习和研究活动中将"解决问题"和"任务驱动"作为主线

信息化英语课程教学设计强调不要将学习孤立看待，而要将其与更多的问题、任务联系起来，以"解决问题"和"任务驱动"为主线进行学习，学习者主动投入真实的问题情境或人物情境中，以完成学习任务，解决学习问题。英语教师在信息化教学设计中要多鼓励学生结合现实生活探究学习相关问题，将学习者的高水平思维充分激发出来，培养学生的高级思维能力。很多学习任务与学习问题背后都隐含着丰富的知识与技能，学生在自主学习或合作学习中探索这些知识与技能,在探索中逐渐掌握并学会运用,这有助于提高学生的探索能力。

6.强调面向学习过程的质量评价

传统英语教学设计习惯上将简单的知识与技能作为评价学生学习成果的唯一标准,这在信息化英语教学设计中是不允许的。信息化英语教学设计强调在英语教学评价中将师生在课程教学中的所有情况都考虑在内,强调在真实的评价情境中进行评价,主张凡是具有教育意义的过程与结果,都应该对其进行恰当的评价,不论其是否符合预定目标。此外,信息化英语教学评价还强调对学生学习能力的评价,但不是通过学习结果来评价其学习能力,而是通过其在整个学习过程中的学习行为来评价其学习能力的发展变化,最后做一个评估报告,将此作为改进教学与进一步培育学生学习能力的根据。

三、高职英语线上线下混合式教学的步骤

线上线下混合式教学模式在高职英语教学中的应用大致分为三个阶段:

(一)课前阶段

在基于线上线下混合式教学模式的英语教学中,教师在授课之前要针对具体的教学内容和学生的学习情况选择切合的课程资源,并且结合实际情况设计能够培养学生自主学习能力的学习任务,以充分利用教材和网络课程资源。例如,"朗文交互学习平台""新理念外语网络教学平台"等都是可实现师生交互的移动网络平台,通过这些平台,教师可以将教材中所涉及的学习计划、学习目标、学习重点、学习难点、学习主题和学习任务等,及时发到学生手中,学生可以根据任务的要求,通过不同的方式,如个人独立思考、小组讨论等获取知识,高效地完成预习任务,在这一过程中,学生的自主学习能力也会相应地提高。在这一阶段,教师可以利用自主式的学习平台,充分实现师生之间的互

动，为学生提供在线咨询，答疑解惑，向学生提供有针对性的辅导和帮助，进而切实提高学生的自主探究精神和自主学习能力。

（二）课堂阶段

所谓线下，也就是课堂上的面授。在这一阶段，主要是通过课堂的教学平台和自主学习平台的融合，展开具有针对性的多媒体辅助教学。首先，教师根据学生对课前预习的完成情况进行检查和分析，重点指出相关问题。其次，教师运用多媒体创设富有情境化的教学内容，进一步提出问题，引发学生进一步思考，进一步激发学生的探究意识。再次，教师结合教学实际情况和单元主题，设计相应的学习任务，鼓励学生积极讨论；也可以通过情景对话、角色扮演等方式，激发学生参与的积极性，促使学生主动参与课堂教学活动。最后，教师鼓励和引导学生进行总结和反思，可以让学生进行自评或学生之间进行互评，进而总结学习内容，激发学生的学习动机和自主探究精神，巩固学习知识，同时提升协作互助意识和英语应用能力。

（三）课后阶段

在课后阶段，教师可以通过线上线下混合教学模式进一步补充相应的学习材料，拓宽学生的视野，加深学生对所学知识的理解和掌握程度。在课后，学生也可以利用网络平台寻找相应的复习资料，进一步加强学习效果，加强练习的实践，扩大知识范围，更好地完成相应的学习任务。课后巩固延伸了课堂教学的空间，能够显著培养学生的自主学习能力，也能够为学生养成良好的终身学习习惯打好基础。

四、高职英语线上线下混合式教学的意义

（一）方便灵活

信息科技与互联网的发展及其所带来的便利，使得英语教学视频可以在网上进行广泛传播。多样化的视频教学形式，如专题讲解、碎片化学习、视听说一体的视频教学等开始出现，使得英语教学的灵活性大大提高。首先，学生可以通过网络方便快捷地获取多元化的教学资源，不受时间和空间的限制进行碎片化的学习。其次，教师可以借助网络资源提升自身的专业素质和水平，从而开展形式灵活、多样的优质教学，增强英语课堂教学效果。

（二）贴合需要

在高职英语教学中运用线上线下混合式教学模式，能改善学生的学习体验，提升学生的学习效率，而且切合学生的实际需求。首先，网上有大量的英语教学视频，学生可以根据自身的水平和学习需求，自主选择优质课程，有针对性地利用教学资源。其次，通过线上线下混合式教学模式，学生可以获得丰富的学习体验，形成自主探究的学习习惯，满足个性化发展需求。

（三）切入精准

相较于传统的教学模式，线上线下混合式教学模式切入精准，在整体上能够扩展学习空间。该教学模式引发了教师主导的课堂格局的改变，通过丰富的线上资源来充实课堂内容，同时通过线下形式多样的个性化实践措施丰富学生的学习体验，进而拓展学生的学习空间。将线上线下两种模式混合应用，能够改善教学思路，切实优化教学质量。

五、高职英语线上线下混合式教学的构建策略

（一）带疑探究—讲授示范—动手操作型模式

第一，教师要根据课程教学的目标来找到一个或几个富有探索性的问题，然后在适当的时机将问题以适当的方式向学生提出，并引导学生利用已有的信息技术找寻解决问题的方法。

第二，教师利用分解法，将问题由一分多，细致讲解每一个小问题，并进行必要的问题解决示范。

第三，学生通过教师的讲解与示范开始尝试解决问题，在这一过程中如果遇到新的问题便开始思考并向教师提出问题，得到解答后再进行操作，直到问题得到解决，最终掌握知识和技能。

第四，教师评价学生的学习表现，学生之间也要进行互评。

（二）任务驱动—协作学习型模式

第一，教师以教学内容中的重点和难点为依据，灵活设计信息技术的教学任务和目标。对于任务的设计要遵循由易到难、由简到繁、由外到内的原则。

第二，教师给学生布置教学任务，然后让学生自由选择自己的合作伙伴来协作开展研究。学生在研究学习的过程中对所获得的一切信息和资料都要注重和同伴分享，一起讨论，一起研究。

第三，教师对学生的学习活动进行总结性评估。评估的重点在于学生对信息技术的应用能力。

（三）自主—监控型模式

自主—监控型模式的教学地点是在建立了网络的教室里。具体学习模式：学生将教师提供的教学资源利用起来进行学习，教师则观察学生的学习过程。

为了给学生创造自由的学习氛围，教师可在教室外通过监控观察。当教师发现学生在某环节中遇到问题，则应适当提供帮助。在自主—监控型模式中，学生可根据需要使用网络资源。自主—监控型模式的实施程序如下：

第一，教师根据教学目标对教材予以分析，然后以教师认为的最理想的方式向学生呈现教学内容。

第二，学生在接受了学习任务后，需利用相关资料或信息进行独立学习或协作学习。在此过程中，教师的任务是观察、监督，并在必要的时候进行适当的指导。

第三，教师对学生的学习活动进行总结性评价，总结评价具体到个人。

（四）群体—讲授型模式

群体—讲授型模式是面向多数人（通常为一个班）进行教学的模式。在这种模式下应用的信息技术只是作为一种教学手段出现。该模式的主要特点如下：

第一，让学生对课堂教学活动有更为直观的认知，而不再是过往的那种过于抽象的思维。

第二，能够将教学内容快速、及时地呈现出来，这无疑可以大大提高教学的效率。

第三，过往教学中那种宏观、微观以及时间、空间等因素都不再是限制，如此更加方便教师对教学重难点的把控。

群体—讲授型模式的实施步骤如下：

第一，教师在备课阶段就要全面掌握教学内容，并对教学中需要的图片、视频等资料进行细致选择，对需要演示的课件要设计得当。

第二，教师努力创设教学情境，将教学信息展示给学生，引发学生思考。

第三，教师对教学活动做总结性评价。

（五）讨论型模式

讨论型模式是教师与学生通过网络进行的实时或非实时交流的一种教学模式。对于这种模式的应用，通常是由教师提出某一问题，然后主要由学生讨论问题。对于学生的讨论，教师要一一听取，这是了解学生学习思维和发现其中可能存在的问题的好机会。如果发现问题，教师要及时进行指导。这是一种对学生非常友好的教学模式，不过需要耗费一些时间，教学效率相对较低。该模式的基本步骤如下：

第一，教师根据教学目标对教材进行分析，然后以教师认为的最理想的方式向学生呈现课件或网页类的教学内容。

第二，学生接受任务后，由教师指导查阅资料或信息，进行独立学习或合作学习。要确保学生在完成学习任务的过程中使用信息技术。

第三，教师要对学生的讨论予以总结，学生间也可以互评，当然也可以评价教师的一些观点。

在讨论型模式中，教师要始终尊重学生的主体地位，要允许学生发散思维，对学生的一些奇异思维不要打断，而要做到先倾听，这是鼓励他们尝试创新的良好开始。

（六）研究型课程模式

研究型课程模式与当下常见的科学研究的方法已经非常接近了。学生在这种模式的课程中将信息技术作为工具来分析、归纳、整理各种资料，找寻对解决问题有帮助的信息。

研究型课程模式中的整合任务是课后的延伸，超越了传统的单一学科学习的框架，它会根据学生个体的认知水平以主题活动的形式呈现生活中的一些问题，以此充分激发学生的研究兴趣，并使学生完成相应的学习任务。

学生在研究型课程模式中的学习，在设计研究方案、实施方案以及完成任务等环节中都享有相当高的自由度，教师更多是在选题确定和资料搜索及收集的环节提供一定程度的帮助，如此更能突出学生的主体性和参与性。不过，教师提供的帮助仍旧是不可或缺的，甚至这可能决定着学生研究型学习最终的成败。

参 考 文 献

[1] 戴炜栋，任庆梅. 外语教学与教师专业发展[M]. 上海：上海外语教育出版社，2006.

[2] 何广铿. 英语教学法教程[M]. 广州：暨南大学出版社，2011.

[3] 何少庆. 英语教学策略理论与实践运用[M]. 杭州：浙江大学出版社，2010.

[4] 贾冠杰. 英语教学基础理论[M]. 上海：上海外语教育出版社，2010.

[5] 焦晓骏. 怎样成为一名优秀英语教师[M]. 上海：华东师范大学出版社，2011.

[6] 李世荣. 现代教育技术[M]. 北京：清华大学出版社，2010.

[7] 李宗桂. 中华民族精神概论[M]. 广州：广东人民出版社，2006.

[8] 束定芳，庄智象. 现代外语教学：理论、实践与方法[M]. 上海：上海外语教育出版社，1996.

[9] 王利明. 高等职业教育教学评价理论、评价体系与评价技术[M]. 北京：中国轻工业出版社，2011.

[10] 谢徐萍. 社会语言学与英语学习[M]. 南京：东南大学出版社，2010.

[11] 张俊英. 学校与企业[M]. 北京：中国人民大学出版社，2010.

[12] 张维友. 英语学习策略与技巧教程[M]. 重庆：重庆大学出版社，2012.

[13] 张鑫. 英语教学的理论与实践[M]. 北京：知识产权出版社，2012.

[14] 赵志群. 职业教育工学结合一体化课程开发指南[M]. 北京：清华大学出版社，2009.

[15] 中共中央文献研究室. 十八大以来重要文献选编[M]. 北京：中央文献出版社，2014.

[16] 周建松. 高等职业教育专业建设理论与探索[M]. 杭州：浙江大学出版社，2010.

[17] 周绵绵，余笑，叶长彬. 英语学习策略[M]. 北京：科学出版社，2011.